Naples

Les Légendes et la Réalité

DU MÊME AUTEUR

Les Amoureuses, 1 vol. . . . . 3 fr. 50

Cœurs de femmes, 1 vol. . . . . 3 fr. 50

Quelques Femmes, 1 vol. . . . . 3 fr. 50

MATILDE SERAO

Naples

Les Légendes et la Réalité

PARIS

Société d'Édition et de Publications

Librairie Félix JUVEN

122, RUE RÉAUMUR, 122

NAPLES

LES LÉGENDES ET LA RÉALITÉ

LES LÉGENDES

I

La ville de l'amour.

Il nous manque, à nous, les noires forêts du Nord, les noires forêts de sapins, dont l'ouragan fait tordre les branches comme des bras de géants désespérés ; il nous manque, à nous, la pureté immaculée de la neige, qui donne le vertige de la blancheur ; il nous manque, à nous, les rochers âpres et rudes, aux durs profils ; il nous manque la mer livide et orageuse. Sur nos champs mouillés de rosée, les elfes ne viennent pas dérouler leur ronde magique; les Walkyries, amoureuses des hommes, ne descendent pas des montagnes lointaines sur leurs chevaux rapides; les pâles roussalkas ne paraissent pas à l'orée des bois ; les lavandières maudites ne battent pas leur linge humide au bord des étangs et le lutin Kelpis ne saute pas en croupe du cavalier égaré.

Là-bas, une nature presque idéale, brumeuse, mélancolique, inspire aux hommes des songes étranges ; ici, une nature positive, sans brouillard, ardente, desséchée, éternellement belle, éternellement lumineuse, nous fait vivre dans la joie ou dans la douleur de la réalité. Là-bas, on rêve dans la vie ; ici, on vit dans un rêve qui est la vie elle-même. Là-bas, les tristes et solitaires plaisirs de l'imagination créent un monde chimérique ; ici, c'est la fête complète d'un monde qui existe. Aussi nos légendes ont un caractère profondément humain, profondément sensible, qui les met au-dessus du temps et de l'espace. Seulement, pour atteindre à une suprême idéalité, elles ont besoin du mysticisme — de ce mysticisme qui est tout ensemble, la folie de l'âme et l'ivresse homicide du corps; de ce mysticisme qui est la foi, la pensée, l'amour, l'art, à travers tous les siècles, dans tous les pays; de ce mysticisme qui est le plus haut point divin auquel puisse atteindre une existence humaine. Mais à ce drame, à cette victoire sanglante de l'esprit sur le corps, il faut ajouter un autre drame plus humain, plus puissant, où le sentiment et la pensée ne dominent pas la vie, mais s'y pénètrent et s'y fondent; où l'homme ne tue pas une partie de lui-même pour l'exaltation de l'autre, mais où tout est passion, enthousiasme et triomphe: c'est le drame de l'amour! Nos légendes sont des légendes d'amour, et Naples a été créée par l'amour.

⁂

Cimon aimait une jeune Grecque. En vérité, elle était bien séduisante : c'était l'image de la forte et saine beauté qu'eurent

Junon et Minerve, auxquelles elle ressemblait. Elle avait le front bas et étroit des déesses, les grands yeux noirs, la bouche voluptueuse, la chaude blancheur du teint, le merveilleux accord de la grâce et de la souplesse dans un corps admirable de formes, et une expression d'une majestueuse sérénité. Elle s'appelait Parthénope, ce qui dans la douce langue grecque veut dire : Vierge. Elle aimait à aller s'asseoir sur une roche élevée, fixant son fier regard sur la mer, perdu dans la contemplation des glauques horizons de la mer Ionienne. Elle ne s'inquiétait guère du vent marin, qui faisait battre son peplôs comme l'aile d'un oiseau épouvanté ; elle n'entendait pas la sourde rumeur des ondes qui frappaient le rocher et le creusaient peu à peu sous leur battement répété. Son âme commençait par se plonger dans une pensée : au delà de cette mer, loin, très loin, là-bas où l'horizon se courbe, il y avait d'autres régions et d'autres pays, il y avait l'Inconnu, le Merveilleux, l'Infini... Puis, cette pensée s'élargissait et son imagination se perdait dans un rêve sans fin ; la jeune fille sentait grandir en elle la puissance de son âme, et, dressée sur ses pieds, elle croyait toucher le ciel de la tête et serrer, dans une étreinte surhumaine, le monde entier sur son sein. Mais bientôt ces songes s'évanouirent. Elle se prit à aimer Cimon, avec cet amour fort et impérieux de la vierge qui se transforme en femme.

Par une nuit d'été, par une nuit blanche et blonde, Cimon parla à la bien-aimée :

— Parthénope, veux-tu me suivre ?

— Partons, mon amour.

— Ton père te refuse à ma couche, ô ma très suave : Eumée veut te donner son fils comme époux. L'aimes-tu ?

— C'est toi que j'aime, Cimon.

— Louée soit Vénus, et merci à toi, sa fille chérie ! Pense donc quel affreux cauchemar serait la vie si nous étions séparés et, quoique jeunes encore, nous souhaiterions les noires ombres du Styx. Veux-tu venir avec moi, Parthénope ?

— Je suis ton esclave, amour.

— Penses-y bien : il faut oublier le visage de ton père, effacer sur tes joues le baiser de tes sœurs, fuir tes tendres amies, abandonner ton toit...

— Partons, Cimon.

— Partir, ô ma très douce, partir pour un voyage long et pénible, sur la mer perfide, par une route inconnue, vers un but ignoré ; partir, sans espoir de retour, en se confiant aux flots, toujours ennemis des amants ; partir pour aller loin, très loin, sur des terres inhospitalières, brunes, où l'hiver est éternel, où le pâle soleil est enveloppé de brumes, où l'homme n'aime pas l'homme, où il n'y a pas de jardins, où il n'y a pas de roses, où il n'y a pas de temples...

Mais dans les grands yeux noirs de Parthénope brillait la triomphante clarté de l'amour et dans la voix harmonieuse vibrait la passion toute-puissante :

— Je t'aime, dit-elle, partons !

*
* *

Il y avait mille ans que la plage embaumée les attendait. Mille printemps avaient jeté sur les collines la richesse inépuisable et toujours renaissante de leur végétation — et, depuis la montagne jusqu'à la mer, s'étalait l'enchantement d'une nature merveilleuse. Les fleurs naissaient, parfumaient l'atmosphère, puis se fanaient, afin que d'autres plus belles pussent effeuiller leurs pétales sur le sol : des millions et des millions de petites vies s'épanouissaient, elles aussi, pour aimer, pour mourir, pour renaître encore. Depuis mille ans, la mer amoureuse les attendait et depuis mille ans les étoiles amoureuses les attendaient aussi... Quand les deux amants arrivèrent, un spasme de joie fit frémir la terre, cette terre née pour l'amour et qui, sans amour, est destinée à périr, brûlée et détruite par son propre désir.

Parthénope et Cimon y apportèrent l'amour. Partout, partout, ils s'y aimèrent. Serrés l'un contre l'autre, ils conduisirent leur amour sur les collines, depuis les hauteurs éternellement fleuries de Poggioreale jusqu'à celles si pures de Pausilippe ; ils penchèrent leurs visages sur les cratères enflammés, comparant l'incandescente passion de la nature avec la brûlante passion de leurs cœurs ; ils se perdirent dans les obscures cavernes qui trouent la plage sonore ; ils errèrent dans les vallées profondes qui descendent vers le rivage ; ils parcoururent la berge étroite et longue qui sépare la terre de la mer. Partout ils s'aimèrent... Dans les tièdes nuits d'été, Parthénope s'étendit sur le sable des grèves, fixant le ciel étoilé, caressant de la main la fauve chevelure de Cimon, couché à ses côtés ; dans les claires aubes de printemps, ils ramassèrent des fleurs et des baisers dans leur jardin splendide, — des fleurs merveilleuses et des baisers inépuisables ; dans les pourpres couchants de l'automne, quand la saison décline, ils sentirent croître en eux une passion plus ardente ; dans les courtes et belles journées hivernales, ils sourirent sans mélancolie, quoique désirant le printemps nouveau. Les arbres séculaires étendirent sur leur jeunesse une ombre bienveillante ; la brune pierre des champs phlégréens ne meurtrit pas le doux pied de Parthénope ; la mer se fit indulgente et leur chanta sa chanson passionnée ; la nature loyale ne leur tendit pas de pièges et, sur l'horizon azuré, se détacha le beau profil de la jeune fille, ainsi que la tête énergique du jeune homme. Quand ils s'inclinèrent pour baiser la terre bénie, quand ils levèrent le regard au ciel, une palpitation leur répondit et, entre l'homme et la nature, s'affirma une fois de plus le profond, l'invincible amour...

Naples, la ville de la jeunesse, attendait la belle Grecque : Parthénope et Cimon rendirent Naples immortelle.

Mais le destin n'était pas encore accompli. L'amour de Parthénope avait un but plus haut encore. De Grèce, appelés par elle, son père et ses sœurs, ses amis et ses parents, vinrent la retrouver, car, jusqu'à la lointaine Égypte, jusqu'à la Phénicie, le bruit s'était répandu qu'une Vierge avait découvert une plage heureuse, où, dans la fête des fleurs et des fruits, dans la douceur parfumée de l'air, la vie s'écoulait facile et heureuse. Sur de fragiles embarcations, accoururent des peuplades lointaines, apportant avec elles leurs enfants, les images des Dieux, leurs richesses, leurs communes ressources; la cabane du pêcheur se dressa à côté de celle du pasteur; l'art primitif de l'agriculteur, les industries manuelles à peine naissantes, accomplirent leur œuvre. D'abord, sur la hauteur, se construisit le village qui, peu à peu, descendit dans la plaine; puis, une autre colonie s'en fut sur une autre colline et un second village s'unit au premier; les chemins se tracèrent, les murs enserrèrent peu à peu dans leur enceinte une ville tout entière. Parthénope fit tout cela; elle voulut la cité. Ce n'était plus la Vierge timide, mais la Femme parfaite et la Mère admirable; son robuste sein avait donné le jour à douze fils et son cœur puissant les avait animés d'un souffle généreux. Elle fut la femme par excellence, la mère du peuple, la reine humaine et clémente qui donna son nom à la cité, dicta les lois et les coutumes, offrit le constant exemple de la foi et de la piété. Deux temples s'érigèrent, voués aux déesses protectrices de la ville, à Vénus et à Cérès. On y priait et, à travers les colonnes, la fumée de l'encens montait au ciel. Une paix profonde et constante enveloppait le peuple sur lequel régnait Parthénope, et le laborieux travail de l'homme ne faisait qu'aider la nature complaisante. La plus belle des civilisations, celle de l'esprit; le plus grand des sentiments, celui de l'art; la fusion de l'harmonie physique avec l'harmonie morale; l'amour fécond, ardent, puissant — telle fut l'atmosphère vivifiante de la ville nouvelle. Et quand Parthénope allait s'asseoir sur le rocher du mont Echia, quand elle fixait son regard sur la mer Tyrrhénienne, son âme s'absorbait dans cette pensée : maintenant la région inconnue était atteinte, l'Infini était devenu tangible, le Merveilleux n'avait plus de secret, et tout cela était son œuvre. Et tandis que son imagination se perdait dans ce rêve magnifique, Parthénope sentait son âme s'agrandir et, dressée sur ses pieds, elle croyait toucher le ciel de la tête et serrer le monde sur son sein, dans une vaste étreinte !

*
* *

Si vous interrogez un historien, il vous répondra que la tombe de la belle Parthénope est sur la hauteur de Saint-Jean-Majeur, dont la mer caressait alors les pieds. Un autre vous dira que la sépulture de la belle Grecque est sur la hauteur de Sant-Aniello, vers la campagne, au-dessous de Capodimonte. Eh bien ! je vous assure que ce n'est pas vrai ! Parthénope n'a pas de tombeau, Parthénope n'est pas morte ! Elle vit, fière, jeune et belle, depuis cinq mille ans. Elle court encore sur les coteaux, elle erre sur la plage, elle descend dans la vallée, elle s'approche du volcan. C'est elle qui rend notre ville ivre de lumière et de couleur; c'est elle qui fait briller les étoiles dans les nuits sereines; c'est elle qui rend l'oranger si parfumé; c'est elle qui fait resplendir la mer. Quand, dans les journées d'avril, une brise tiède nous inonde de bien-être, c'est son souffle suave qui nous caresse; quand, dans les paysages lointains de Capodimonte, nous voyons paraître une ombre blanche serrée contre une autre ombre, c'est elle avec son amant; quand nous entendons résonner dans l'air des paroles d'amour, c'est sa voix qui les prononce; quand un vague bruit de baisers nous fait tressaillir, ce sont ses lèvres qui se posent sur celles de Cimon; quand un pas léger semble nous suivre, c'est son pied menu qui se pose sur le sol; quand, de loin, la flamme d'une effrayante éruption nous éblouit et nous brûle, c'est le feu de Parthénope qui nous dévore et nous consume. C'est elle qui met la ville en folie; c'est elle qui la fait languir et pâlir d'amour; c'est elle qui la fait se tordre de volupté, pendant les ardentes journées d'août. Parthénope, la Vierge, la Femme, la Mère, ne meurt pas et n'a pas de tombeau : elle est immortelle, elle est l'amour, et Naples — sa ville — est la cité de l'amour !

II

Virgile.

Aujourd'hui, dimanche, fête des Rameaux, Jésus-Christ entre dans Jérusalem, tenant à la main la branche d'olivier. Aujourd'hui, bon lecteur, la paix doit régner partout : les uns se sont disputés avec leurs amis ou leurs maîtresses ; les autres se sont disputés avec une personne indifférente, chérie ou détestée ; l'employé s'est disputé avec son chef de bureau, le mari avec sa femme, l'artiste a dit beaucoup d'injures à l'art, l'écrivain a maudit son propre style, le portier a eu des mots avec le propriétaire : bref tous sont en colère contre quelqu'un. Mais aujourd'hui une petite feuille, un minuscule rameau d'olivier, — et la paix est faite.

Moi aussi, je me suis disputée et longuement avec une personne chérie, tandis que je continuais à l'aimer ardemment dans le secret de mon cœur, tandis que son absence faisait ma maison triste et déserte, tandis que la privation de sa douce présence rendait mes écrits plus secs que la pierre ponce. Cette personne si aimée, la Poésie, depuis longtemps ne veut plus de moi, quoique je la désire ardemment, et, par orgueil, je me tais. Aujourd'hui que l'orgueil se fond dans une infinie tendresse, je veux essayer de faire la paix avec la Poésie en lui envoyant une feuille d'olivier.

*
* *

Après Parthénope, mythe et femme, vierge et sirène, singulier mélange de fantastique, d'idéal, d'humain et de divin, à qui Naples doit sa poétique origine; après la poésie de Parthénope, presque déesse, créatrice, surgit la poésie de Virgile, créateur, presque Dieu. Nous connaissons le Virgile des *Eglogues*, des *Géorgiques* et de *l'Enéide*; nous connaissons Virgile, le divin maître du Dante, mais nous connaissons peu Virgile, le Mage, qui a prodigué à la ville aimée entre toutes, les miracles de son pouvoir surhumain. Nous sommes ingrats envers celui qui s'écrie :

Illo Virgilium me tempore dulcis alebat
Parthenope.

Et cependant beaucoup de choses qui nous charment et nous enchantent, nous autres modernes, et qui nous enchaînent dans l'indolente admiration de cette ville belle et oisive, beaucoup de ces choses sont attribuées par la chronique à la magie de Virgile. La chronique est ingénue, simple et de bonne foi. Peut-être fera-t-elle ricaner les sceptiques, car ceux-ci n'ont pas la consolation de sourire ; peut-être se moquera-t-on d'elle, peu importe ! Celui qui aime commenter la chronique, éprouve une jouissance spéciale de ces injures et de cette moquerie. Ecoutez donc ce que dit cette chronique si méprisée : Virgile venait de loin, du Nord peut-être, du ciel certainement; il était jeune, beau, de taille élevée, le buste droit, mais il marchait la tête baissée, murmurant des phrases dans une langue étrange que personne ne pouvait comprendre; il habitait sur le bord de la mer, là, où la colline de Pausilippe se courbe et s'adoucit, et il errait tout le jour dans les campagnes qui mènent à Baïes et à Cumes; il errait sur les hauteurs qui entourent Parthénope, regardant, la nuit, les étoiles brillantes et leur parlant son singulier langage; il errait sur les plages sonores, écoutant l'harmonie des ondes, comme si elles murmuraient, pour lui seul, des paroles mystérieuses. C'est pourquoi la chronique en fit un mage et nombreux furent les miracles de sa magie. Alors Parthénope était infestée d'une quantité de mouches, — des mouches qui se multipliaient en si grand nombre et causaient tant de dégâts, qu'elles faisaient fuir les tranquilles et heureux habitants de la ville enchantée. Virgile, pour remédier à cet inconvénient, fit fabriquer une mouche d'or, selon ses indications, — et une fois faite, lui insuffla la vie par des paroles magiques; cette mouche d'or s'en allait, volant de-ci de-là, et toutes celles qu'elle rencontrait, tombaient mortes. Ainsi, en peu de temps, furent détruites les vraies mouches qui dévastaient Parthénope.

Voici encore une autre légende : les nombreux marais qui se trouvaient alors dans la ville étaient nuisibles à cause des miasmes qu'ils exhalaient, empoisonnant l'air, causant des épidémies de fièvres paludéennes, de peste et d'autres maladies contagieuses; ils étaient infestés de sangsues, dont la morsure donnait la mort. Grâce à un puissant exorcisme, Virgile fit mourir les sangsues et assécha les marais, lesquels se peuplèrent de maisons et de jardins, et l'air y devint le plus pur du monde.

Ainsi, en se servant de son pouvoir qui était infini, il monta un jour sur une colline et ordonna à tous les vents de lui obéir; il fit changer de direction au Favonio, dont la chaude haleine soufflait sur la ville au mois d'avril et brûlait les plantes, les arbres et les fleurs, et la végétation printanière devint plus belle et plus luxuriante.

Une autre fois, dans ce quartier que nous autres modernes appelons Pendino, se trouvait un serpent formidable qui était l'épouvante de tout le monde, car il avait déjà mordu et étouffé un grand nombre d'enfants et de jeunes filles; quand les hommes se réunissaient pour le combattre, il disparaissait rapidement dans les entrailles de la terre, pour reparaître ensuite plus terrible que jamais. Virgile fut appelé à l'aide, et il s'approcha tout seul de l'endroit où vivait le monstre, refusant tout secours et, avec ses formules magiques, il le dompta aussitôt et le tua. Et même il faut noter que, quoique Parthénope fut bâtie sur une autre ville noire et malsaine, faite de cavernes, de souterrains et de cloaques, qui auraient pu servir de refuges à de semblables reptiles, jamais on n'en vit plus depuis ce temps-là.

Plus tard, une affreuse maladie infectieuse atteignit la race chevaline. Virgile fit fondre un grand cheval de bronze, lui transmit son pouvoir magique et tout cheval à qui l'on faisait faire trois fois le tour de celui de métal, était immanquablement guéri, à la grande colère des vétérinaires et des empiriques, qui se voyaient dépossédés et convaincus de mensonges.

Ensuite, des pêcheurs qui demeuraient à l'endroit que l'on nomma plus tard, Porta di Massa, allèrent trouver Virgile pour se plaindre de la rareté du poisson et lui demander d'accomplir un miracle en leur faveur. Le Mage voulut les satisfaire et fit sculpter un petit poisson dans une grosse pierre, prononça ses incantations et aussitôt que la pierre fut posée à cette place, la mer fut remplie d'innombrables poissons.

Virgile fit mettre sur les portes de Parthénope, du côté des routes de la Campanie, deux têtes augurales et magiques, une qui riait et l'autre qui pleurait : aussi celui qui arrivait à passer sous la porte où la tête riait, en tirait un bon augure pour ses affaires qui réussissaient toujours bien, et c'était le contraire pour celui qui passait sous la tête en larmes.

Ce fut encore Virgile qui, en quelques nuits, fit exécuter la grotte de Pausilippe par des êtres surnaturels, afin de faciliter le voyage aux habitants des villages environnants, qui venaient dans la ville; ce fut Virgile qui, par ses vertus magiques, fit surgir un potager d'herbes salutaires pour les blessures et excellentes pour assaisonner les aliments ; ce fut Virgile qui enseigna aux jeunes gens le jeu de la palestre qu'ils ignoraient; ce fut Virgile qui, une nuit, donna aux eaux de la plage Platamonia et de la plage de Pouzzoles, le singulier pouvoir de guérir toute espèce de maladie; ce fut Virgile qui, appliquant certains remèdes et prononçant certaines conjurations, rendit la santé à nombre de personnes; ce fut Virgile qui, voulant sauver la compagne de son disciple Albinus, dévoila le mystère de l'antre de Cumes, où les prêtres trompaient le peuple avec de faux oracles, produits par une combinaison naturelle des sons. La chronique ajoute que le Mage Virgile fut aimé, respecté, idolâtré presque comme un Dieu, car jamais il n'employa la magie pour des choses mauvaises, mais seulement pour le bien de la ville et des hommes. La chronique ne dit pas où et quand mourut Virgile ; beaucoup crurent à son immortalité ; d'autres assurèrent qu'il s'était éteint sur cette colline près d'Avellino, qui s'appelle Montevergine, où il s'était retiré pour étudier et où il avait vieilli. De toute façon, les habitants de Parthénope lui consacrèrent un grand monument, qui fut ensuite détruit ; celui qui s'élève à l'entrée de la grotte de Pausilippe, n'est qu'un simple columbarium. Mais il n'y a rien de précis sur l'endroit et l'époque de sa mort.

*
* *

Eh bien ! Je me suis trompée en disant que nous ne connaissions pas Virgile le Mage. Il n'y a qu'un seul Virgile, et celui que la chronique fabuleuse dessine dans les ombres de la théurgie, est véritablement le poète. En réalité, son unique magie fut la grandiose poésie de son esprit. Dans la chronique, il est toujours le poète. Il est encore le poète dans ses longues pérégrinations à travers cette horrible et magnifique campagne des Champs-phlégréens, où il rêvait, allant du lac Averne au Styx ; il est aussi le poète dans ses longues promenades à travers la Campanie-Heureuse, où il s'abandonnait à son profond amour pour la nature, l'amour des champs fertiles qui s'étendent à l'infini sous le soleil, des prés verdoyants où paît tranquillement le bœuf aux grands yeux dans lesquels le ciel se reflète ; l'amour des bois obscurs et silencieux, où l'âme se calme et s'assoupit dans la paix ; l'amour des collines ensoleillées, où les vents légers font onduler les fleurs embaumées ; l'amour de l'oiseau qui chante et s'envole, de l'insecte doré qui bourdonne, de la feuille jaunie que l'ouragan emporte, du chêne robuste que rien ne peut ébranler ; l'amour profond de la nature qui est le sentiment dominant dans toute son œuvre, qui est la magie par laquelle elle nous enchante encore, qui est la nostalgie de son cœur et le fait s'écrier : *O fortunatos agricolas* ! et qui donne à ses descriptions tant de couleur, tant de lumière, tant de vie... Il est aussi le poète qui cherche et interroge les coins obscurs de la nature ; c'est lui qui parle aux étoiles scintillantes pendant les nuits d'été ; c'est lui qui écoute le rythme de la mer, comme si c'était le mètre dont la cadence divine doit scander son vers. Il est le poète qui connaît la vertu des simples ; c'est lui qui a découvert certaines lois naturelles, ignorées de tous. Il est le poète qui tue les bêtes, assainit les marais et fait surgir à leur place des palais et des jardins. Il est le poète qui enseigne aux adolescents les jeux où le corps se fortifie et l'âme s'apaise ; c'est lui, rêveur sublime, qui établit les présages de la bonne ou de la mauvaise fortune ; c'est lui qui, comme un aimant puissant, attire à soi le respect et l'obéissance ; c'est lui seul qui est bon, véridique, sincère et sage. Virgile le Mage, c'est Virgile le Poète. Et on ne sait rien de sa mort. Comme Parthénope, la Vierge grecque, il disparaît. Le poète ne meurt pas...

III

La Mer.

Vous errez loin d'ici, chère âme septentrionale et vagabonde, et les brumes que fixe votre regard mélancolique, mettent autour de vous cette atmosphère monotone et grise dans laquelle s'apaise toute agitation. Mais dans les tranquilles divagations où votre esprit amertumé s'adoucit, dans la souriante tristesse qui enveloppe ce que vous écrivez, je vois de temps en temps jaillir une vive exclamation. Vous n'avez pas oublié notre mer, notre admirable mer de Naples. Une vision azurée passe et repasse encore devant vos yeux ; un bruit rythmé, presque indistinct et fugitif, berce encore votre oreille ; un parfum léger comme un souvenir lointain fait encore dilater vos narines. Vous n'avez pas oublié mon beau Naples. Je lis ce que vous écrivez, mais je devine ce que vous pensez. Vous devez souffrir d'une nostalgie secrète que vous n'osez pas confesser, vous, exilée volontaire. Et comme l'écho douloureux s'en répercute dans mon cœur d'amie fidèle, je veux répondre à ce que vous cachez et non à ce que vous découvrez, je veux vous conter la légende de mon golfe poétique.

*
* *

Chacun sait que le Seigneur, généreux, miséricordieux et magnifique, a toujours regardé Naples d'un œil de prédilection. Il a eu pour elle toutes les caresses d'un père et d'un amoureux, il lui a prodigué les dons les plus riches et les plus splendides qui se puissent imaginer. Il lui a donné un ciel riant et serein, rarement troublé par ces pensées funestes, dont la tristesse se fond en larmes qui sont les nuages ; un air léger, bienfaisant et vivifiant, qui ne devient jamais ni trop rude, ni trop énervant ; des collines vertes, parsemées de maisons blanches et jaunes, couvertes de jardins toujours fleuris ; un volcan flamboyant et passionné ; des hommes beaux, bons, indolents, artistes et amoureux ; des femmes séduisantes, brunes, aimables et vertueuses ; des enfants frisés, aux grands yeux noirs et intelligents. Puis, pour clore toutes ces faveurs, il lui a donné la mer. Et le Bon Dieu a su ce qu'il faisait. Il connaissait bien ce que seraient et ce que voudraient les Napolitains : aussi en leur offrant la mer, il a pensé au bonheur de chacun d'eux. Ce magnifique cadeau est sage, profond et caractéristique. Chaque besoin, chaque désir, chaque pensée, chaque fantaisie y trouve le petit coin où se réfugier et se satisfaire, trouve « sa petite mer » dans la grande mer.

La mer du Carmine appartient au passé le plus ancien. Peu éloignée de la plage, s'ouvre la vieille « porte de mer » qui conduit sur la place — cette place historiquement célèbre, où s'élève le brun campanile, avec ses quatre rangées de fenêtres, qui le font étrangement ressembler au jouet énorme d'un enfant géant et les maisons qui l'entourent sont basses, misérables, trouées de petites croisées, habitées par de pauvres gens. La mer du Carmine est sombre, toujours agitée, continuellement en mouvement. Sur la plage à demi-déserte, il n'y a pas l'ombre d'un pêcheur. On y voit se profiler, de-ci de-là, la ligne arrondie d'une quille : la barque est renversée, peut-être se sèche-t-elle au soleil? Devant une guérite, se promène un douanier qui a relevé son capuchon pour se garantir du vent, dont la violence est extrême ; près de la rive, un grand bateau noir cherche avec peine à se tenir en équilibre ; du pont, au moyen de planches, est établie une communication avec la terre : des hommes vont et viennent, courbés sous le poids des briques rouges qu'ils déchargent sur le quai. La mer du Carmine ne plaisante pas. Pendant un orage d'été, elle emporta un petit établissement de bains ; pendant un orage d'hiver, elle inonda la Villa du Peuple, jardin malheureux, où croissent péniblement des fleurs pâles et des arbres rachitiques. Quelque chose de solennel et de majestueux s'y meurt. La mer du Carmine était l'ancien port de Parthénope, où abordaient les galères phéniciennes, grecques et romaines, mais c'était un port peu sûr : il a vu des événements sanglants et des fêtes populaires. C'est une mer historique, poétique et sombre. Sur la place qu'elle venait presque lécher, dix, vingt fois, le sort du peuple napolitain s'est décidé. Les ondes mélancoliques ont murmuré pendant longtemps : Corradino, Corradino ! Les ondes tempêtueuses ont rugi pendant longtemps : Mazaniello, Mazaniello ! C'est la mer grandiose et triste des anciens, et elle épouvante les âmes mesquines des modernes.

La seule voix du flot rompt le silence qui y règne, et seul quelque passant curieux se promène de ce côté, baissant la tête sous le poids des souvenirs, fixant les yeux sur ces souvenirs du passé.

Mais la foule grouille et la vie bouillonne sur le môle. Ce n'est pas une plage, mais un port obscur et profond. L'eau n'a pas de vagues et frémit à peine ; elle est sombre, toute charbonneuse, d'un noir uniforme et mat, où rien ne se reflète. Sur sa surface flottent des morceaux de bois, des bouts de câble, des vieux souliers et des souris mortes. Dans le port marchand, les bateaux se serrent les uns contre les autres : les chalands, les *schooners*, les brigantines chargés de charbon, de grains, de farine, d'indigo ; il n'y a qu'une mince ligne d'eau sale entre eux. Sur le quai, une grue dresse dans l'air son unique bras de fer qui s'élève et s'abaisse avec un grincement de lime. Des hommes, noircis par le soleil, la fumée et le charbon, vont et viennent, montent et descendent. Une odeur molle de goudron flotte dans l'air. Le quai est semé de grands poteaux autour desquels s'enroulent d'énormes câbles qui amarrent les vapeurs-postaux, encore en rade. A droite, se trouve le port militaire, avec la même mer jaunâtre et sale, où les cuirassés restent immobiles. Partout se meuvent les barques légères, les lourds radeaux, les embarcations pesantes ; les voix s'appellent, se répondent, se croisent. Le soleil éclaire tout cela, faisant briller la poudre de charbon, les atomes de métal, la limaille de fer : le soir, l'œil du phare surveille le môle. La mer du môle est celle des gros négociants, des gros banquiers, des expéditionnaires affairés, des rudes marins, des officiers sévères qui courent à leur devoir, des voyageurs d'affaires qui partent sans un regret. C'est pour eux que le Seigneur notre Dieu a fait le lac noir du môle.

La mer de Santa-Lucia, elle, appartient au peuple. C'est une mer bleu sombre, calme et sûre. Une nombreuse et grouillante population vit sur cette rive. Les femmes vendent le « spassatiempo », l'eau soufrée, les poulpes cuits dans l'eau de mer ; les hommes tressent des nasses, font des filets, pêchent, fument la pipe, conduisent des barques, vendent des fruits de mer, chantent et dorment. C'est un tableau éclatant et plein de vie. Les lignes y sont dures et nettes ; le soleil ardent y fait éclater la pierre. On y respire une odeur d'algue, de soufre, d'épices et de friture. Les enfants, à demi-nus et bruns, se roulent dans la rue, tombent dans l'eau, remontent à la surface, secouant leur tête frisée et criant de joie. Sur la rive, une grande « osteria » allonge ses nombreuses tables couvertes de linge blanc, de cristaux luisants, d'argenterie brillante. C'est là que le soir ont lieu les soupers napolitains. Des joueurs ambulants de violon, de guitare, de flûte, improvisent des concerts ; des chanteurs exténués se lamentent dans des romances mélancoliques, au rythme généralement lent, dont la gaieté a toujours quelque chose de forcé et de bruyant qui cache la douleur ; des mendiants murmurent sans cesse leur pitoyable prière ; les femmes crient et se disputent.

L'été, un petit vapeur chauffe là sa machine pour aller à Casamicciola, la jolie ville détruite, et des bateliers offrent, à pleine voix, en toutes les langues, aux voyageurs de les conduire à bord du vapeur minuscule. Dix ou douze établissements de bains, avec de petites cabines peintes de toutes couleurs, ont leurs draps qui sèchent au soleil, battus par le vent ; les baigneuses sont coiffées de foulards rouges et s'abritent du soleil avec la main. Une foule bourgeoise et provinciale prend d'assaut les cabines, faisant craquer sous leurs pas les passerelles de bois. Dans l'air serein montent des chants, des sons de guitare, le trille des orgues, des cris d'enfants, les jurons des portefaix, la sonnerie des *trams*, des parfums exquis et de mauvaises odeurs ; les couleurs ardentes et violentes éclatent comme une fanfare ; les aubes rosées flamboient et se reflètent sur l'onde ; les midis, lents et voluptueux, s'embrasent et se reflètent sur l'eau ; les crépuscules pourprés s'incendient et miroitent sur l'onde qui semble être teinte de sang. C'est la mer du peuple, la mer laborieuse, fidèle et féconde, la mer aimante et aimée, pour laquelle et par laquelle vit le petit peuple napolitain.

Cependant, non loin de là, tout change d'aspect. Par une avenue large et déserte, on voit la mer du Chiatamone. De ce côté, la vue s'étend à l'infini, car la courbe de l'horizon est lointaine. Cet immense espace d'eau salée est désolé et grisâtre. Il n'y a rien d'azuré et cette sérénité a quelque chose de solitaire qui attriste. L'onde vient se briser contre la muraille pierreuse du quai, avec un bruit sourd et régulier ; au loin, les blancs alcyons frôlent les crêtes écumantes des vagues. A gauche, se dresse sur une roche, le château formidable, avec ses créneaux et ses fenêtres bardées de fer ; le château effrayant où tant de monde a pleuré et souffert ; le château gigantesque qui nous cache le Vésuve. Les flots s'irritent contre l'écueil, s'élancent pleins de colère et retombent, blancs et livides de rage impuissante. Quand les nuages s'amassent dans le ciel et que le vent gémit dans les platanes de la Villa, alors la désolation est complète, profonde. Au loin, un point noir paraît : c'est un navire inconnu qui fuit vers des contrées ignorées. Le soir, quelque barque mystérieuse passe, portant à la poupe une torche sanglante, qui trace une raie de feu sur la mer frémissante : ce sont des pêcheurs qui attirent le poisson avec cette lueur d'incendie. A cet endroit, un jeune nageur, beau et fort, dominé par la force du courant, a en vain demandé de l'aide et est mort noyé ; une nuit d'hiver, une jeune fille, désespérée, a prononcé une courte prière et s'est jetée dans la mer, d'où on l'a retirée plus tard horriblement abimée et défigurée. C'est la mer du Nord, avec toute sa tristesse, son étendue déserte, ses écueils menaçants et le rythme sinistre de ses vagues ; c'est la mer du Nord avec ses fantômes et ses brumes. C'est la mer que Dieu — ainsi le raconte la vieille légende — a faite pour les mélancoliques, pour les malades, pour les spleenétiques, pour les amoureux de l'Infini.

La mer de Mergellina est toute différente ; elle rit dans la lumière rose des journées merveilleuses ; elle rit dans les douces nuits d'été, quand les rayons lunaires semblent se séparer en une multitude de petits fils d'argent ; elle rit dans les voiles blanches de ses « navicelles » qui paraissent voguer en plein rêve. Sur la rive, une fontaine coule, avec un doux et joyeux murmure; les enfants et les servantes en jupons courts viennent y remplir leurs brocs. Un yacht élégant, aux agrès fins comme de la dentelle, à la blanche voilure ourlée de rouge, se berce mollement comme une créole indolente et porte un nom inscrit en lettres d'or, le doux nom de quelque blonde et céleste créature : *Flavie.* Un établissement de bains, petit et aristocratique, communique à la rive par une courte passerelle de bois; sur cette passerelle, défilent de belles jeunes filles vêtues de blanc, avec de grands chapeaux de paille couverts d'une floraison printanière, avec des ombrelles aux couleurs ardentes qui s'allument au soleil; de jeunes mariées, gaies et fraîches, y passent, suspendues au bras de leurs amoureux époux; de beaux enfants y jouent, le visage rayonnant, échauffé par la chaleur. Et là-bas, dans la mer, ce sont des éclats de rire, une bouffée de gaîté, des cris causés par la peur comique de l'eau froide; et l'on voit des corps blancs qui glissent entre deux vagues, des bras ronds qui émergent hors de l'eau et des visages brunis aux cheveux tout mouillés. C'est la fête de Mergellina, de la souriante Mergellina, créée pour les êtres sains et bien portants, en qui fleurissent la jeunesse et la joie; créée pour ceux qui espèrent et qui aiment; créée pour ceux dont la vie est une guirlande de roses, éternellement fraîche et parfumée.

Mais la mer où « finit la douleur », c'est la mer de Pausilippe, la mer glauque qui prend toutes les teintes et qui se pare de toutes les beautés. Tout ce que le cerveau humain peut créer d'images pour se figurer le paradis, elle le réalise. C'est l'harmonie du ciel, des étoiles, de la lumière et des couleurs; c'est l'harmonie du firmament avec la nature, la mer et la terre. Les fleurs s'effeuillent sur la rive, l'eau chante dans les grottes, l'horizon est un divin sourire : Pausilippe est l'idéal absolu qui se dessine sur le fond imprécis et fuyant de l'avenir; Pausilippe est toute la vie, tout ce qu'on peut désirer, tout ce qu'on peut vouloir; Pausilippe est l'image du bonheur parfait et complet, pour tous les sens, pour tous les goûts, pour toutes les facultés. C'est la vie frémissante, vibrante, nerveuse et douce, calme et active. C'est le point maximum du songe et de la poésie. Dieu a fait Pausilippe pour les poètes, pour les rêveurs, pour les chimériques, pour les amants de cet idéal qui déforme ou transforme l'existence.

Quand le Seigneur nous eut donné notre beau golfe, écoutez ce que la légende sacrilège lui fait dire, écoutez-le, vous, âme glacée et cœur inerte. Il dit : Sois heureux pour ce que je t'ai donné, mais si tu ne le peux pas, mais si l'incurable douleur te traverse encore l'esprit, alors va mourir dans les ondes glauques de la mer !

IV

La Légende de l'Amour.

Un grand silence règne dans ce long après-midi de juillet; personne ne passe dans les rues brûlées par le soleil; les Napolitains dorment dans le lourd assoupissement de l'été; tout près, sous ma fenêtre, dans un poêlon où bout de la graisse, des poissons verts d'un arôme violent, craquent et frémissent; au loin, dans une ruelle transversale, un orgue joue une valse languissante et mélancolique; un moustique bourdonne et frappe contre les vitres les plus hautes de la croisée entr'ouverte. Nous sommes tristes, et le sang qui nous monte à la tête, nous donne un peu de vertige; nous avons une âme de plomb et la bouche amère; nous avons le désir de l'ombre profonde et des boissons glacées — parce qu'il y a autour de nous la violence d'une passion sèche et rude, parce qu'il nous semble assister au spasme et entendre les sanglots convulsifs de la nature qui se meurt d'amour pour le soleil. Les rues sont blanches, poudreuses et aveuglantes; les maisons jaunes, rouges et blanches font des taches éclatantes; les collines resplendissent de lumière; la mer brille comme un millier de miroirs; sur le sommet du cratère quelque chose brûle et fume, et le ciel est sombre dans sa sérénité. Tout est clarté ardente, tout est intensité de couleurs, chaque chose se condense et rayonne; on dirait que les pierres veulent se fendre, que les maisons veulent s'ouvrir, que les collines veulent s'élancer vers le ciel, que la mer veut se changer en un métal liquéfié, que les montagnes veulent lancer des laves de feu — et tout reste immobile, sombre et grave. C'est l'amour qui fait tout vibrer et palpiter, car vous savez certainement que toutes les choses à Naples, depuis les pierres jusqu'au ciel d'azur, sont amoureuses...

*
* *

Vous ne connaissez pas l'histoire des quatre frères? Je vais vous la conter. Il y avait une fois, dans la nuit des temps, quatre frères qui s'aimaient cordialement et ne se quittaient jamais. Ils étaient braves, jeunes, frais, robustes, et les couronnes de roses faisaient bien sur leurs chevelures bouclées. Chacun d'eux brûlait en secret pour une jeune fille, dont ils se taisaient le nom; mais un méchant sort réunit les amours des quatre frères sur la tête d'une seule femme. Elle ne voulait aimer aucun d'eux. Une terrible guerre aurait vite éclaté entre les quatre hommes et le sang fraternel aurait coulé, si, une nuit, la belle n'eût disparu pour toujours. Mais eux, patients et amoureux, l'attendent depuis des millions d'années: ils se sont changés en ces quatre collines, délicieuses et fleuries, qui de leurs noms s'appellent Poggioreale, Capodimonte, San-Martino et le Vomero — et l'un à côté de l'autre, immobiles, amoureux, ils attendent le retour de celle qu'ils aiment. Les printemps fleurissent sur leurs têtes, l'été s'enflamme, l'automne pleure, la noire saison s'attendrit, et les coteaux ne se lassent pas d'attendre. Mais l'amour de la belle absente ne revient pas et elle est toujours présente dans l'âme passionnée des quatre frères.

Savez-vous la deuxième histoire ? Il y avait une fois un jeune homme charmant et aimable, dont le visage exprimait à la fois la gaieté d'une âme innocente et la mélancolie d'un cœur sensible : il était en même temps joyeux sans éclat et sérieux sans dureté. Qui le voyait, l'aimait et l'on venait à lui comme à un ami, pour jouir de sa compagnie. Mais le beau jeune homme était malheureux, très malheureux : un amour ardent s'était glissé dans son âme, dont la flamme qui montait jusqu'au ciel, n'arrivait pas à incendier le cœur de celle qu'il aimait. C'était une paysanne, qui possédait la beauté du corps, sans avoir celle de l'âme ; c'était une de ces femmes charmeuses, froides et dédaigneuses qui ne peuvent ni jouir ni souffrir. Elles semblent être taillées dans de la pierre — dans une pierre polie, dure et glaciale ; elles se brisent en petits morceaux, mais ne s'amollissent jamais ; elles tombent foudroyées, mais ne meurent pas. Telle était Nisida, celle qui fut en vain aimée par le beau jeune homme et que rien ne put toucher. Alors celui-ci, qui s'appelait Pausilippe, adorant sans espoir la belle créature qui vivait en face de lui, pour fuir cette vue qui était à la fois son tourment et sa joie, voulut se précipiter dans la mer et finir ainsi sa misérable existence. Mais les Dieux en avaient décidé autrement et le bel amoureux resta à moitié chemin dans l'eau, changé en un coteau qui se baigne dans la mer, tandis que la femme fut métamorphosée en un écueil qui se dresse en face de lui. Il devint la merveilleuse colline où accourent les joyeuses sociétés pour s'amuser et se promener sur ses pentes fleuries ; elle, fut l'île tragique où vivent les voleurs et les assassins que les hommes ont condamnés au bagne ou à la prison — ainsi la récompense est aussi éternelle que le châtiment.

Et il y a encore l'amour qui est le prodigieux éblouissement, le mirage fatal, l'aveuglement de celui qui, hardi et fort, a voulu fixer le soleil. C'était un pêcheur habile et heureux, celui dont je vous raconte l'histoire, et toutes ses journées se passaient entre ses lignes et ses filets, joyeux, quand la pêche était abondante, furieux, quand la tempête troublait l'onde et rendait sa fatigue inutile. C'était un homme simple et bon, silencieux et ignorant de l'amour ; mais un jour, tandis qu'il était assis sur la rive et plongeait ses lignes dans la mer, devant lui, surgit une nymphe marine, au corps blanc et provocant, aux longs cheveux blonds agités par le vent, au regard vert et transparent comme le cristal ; elle chantait suavement et ses doigts nacrés volaient sur la lyre. Son chant était si attrayant, si mélodieux, que le pauvre pêcheur sentit son cœur se fondre ;

brûlé par l'ardent désir de rejoindre la sirène et de mourir dans un embrassement suprême, il se précipita dans la mer. Trois fois, il remonta à la surface ; trois fois, il disparut dans la mer — trop heureux de pouvoir payer de sa vie une pareille jouissance! L'endroit où il mourut fut appelé Mergellina, de son propre nom, et on prétend encore que pendant les nuits phosphorescentes d'été, la sirène reparaît sur les eaux vertes.

Il y a ensuite la pitoyable histoire de l'amour heureux qui est combattu et vaincu par la mort : une petite histoire ingénue comme les autres. Un riche seigneur, appelé Sebeto, habitait un palais de marbre, dans une campagne, près de Naples. Par amour, il avait épousé une femme appelée Megara qui lui avait voué une égale tendresse. Il l'aimait par-dessus tout et dépensait pour elle toutes ses richesses ; or, il advint qu'un jour, elle voulut aller se promener en felouque dans le golfe de Naples. Du côté de la plage Platamonia, où la mer est toujours agitée, comme les bateliers vou laient lutter contre le vent, la felouque chavira, Megara se noya et devint un écueil. A cette horrible nouvelle, Sebeto sentit son cœur se briser et fondit en larmes si amères et si abondantes que toute sa vie s'en fut en eau, allant se jeter dans la mer où Megara était morte.

Et toutes les fontaines de Naples sont alimentées par des pleurs : celle de Monteolveto est formée par les larmes d'une religieuse qui gémit sur la passion de Jésus-Christ ; celle des Serpents par les larmes de Belluccia, une servante amoureuse de son maître ; celle des Miroirs est faite des larmes de Corbussone, cuisinier, amoureux fou de la Reine dont il préparait les ragoûts et les sauces ; celle du Lion, des larmes d'un prince napolitain qui avait pour ami unique un lion, dont la mort misérable lui causa une peine extrême ; celle de la fontaine Medina des larmes de Neptune, épris d'une statue magnifique qu'il ne put rendre vivante.

Mais l'amour est encore dans cette dernière histoire que vous allez entendre. On y parle d'un noble seigneur, appartenant à la plus haute société de notre ville, qui tomba éperdûment amoureux d'une jeune fille dont la famille était ennemie de la sienne ; c'était un cavalier de caractère violent, de tempérament fougueux, prompt à la vengeance comme à la colère. Cependant pour obtenir la femme aimée, il serait devenu humble comme un pauvre à qui manque le pain. Mais l'amour des deux jeunes gens au lieu de diminuer et d'adoucir le ressentiment de leurs parents, ne fit que l'exaspérer — et, malgré les prières et les intercessions de tous genres, la noble famille Capri ne voulut pas consentir au mariage. Et même, pour porter remède à cette folle passion, elle décida d'embarquer la jeune fille sur une felouque et de l'envoyer dans un pays éloigné. Cependant celle-ci, qui se sentait mourir de douleur à l'idée de quitter son bien-aimé, quand elle fut hors du port, s'agenouilla et prononça une courte prière, puis s'élança dans les ondes d'où jaillit aussitôt une île verdoyante et azurée. Mais l'amour ne s'apaisait pas dans le cœur du noble Vésuve — c'était le nom du noble cavalier — et la colère bouillonnait toujours dans son sein ; aussi, quand il apprit la cruelle nouvelle, il commença à pousser d'ardents soupirs et à verser des larmes de feu, signe de la passion intérieure qui l'agitait ; et il se gonfla tellement qu'il devint une montagne, dont les entrailles brûlent d'un éternel incendie. Et il reste toujours devant la belle Capri, sans jamais pouvoir la rejoindre ; il frémit d'amour, lance des éclairs, se couronne de fumée, et l'ardeur de sa passion déborde en lave brûlante...

. . . .

O âmes blessées, ô âmes affligées, ô vous en qui l'amour a planté dans le cœur les sept épées de douleur, n'ayez pas l'espérance de guérir ici votre délicieuse souffrance. Oui, les pierres elles-mêmes sont amoureuses : la passion fait perdre la santé aux hommes bien portants et tue ceux qui sont malades....

V

Le Palais Donn'Anna.

Le grand palais gris se dresse dans la mer. Il n'est pas en ruines, il n'a jamais été fini ; il ne tombe pas, il ne tombera pas, car la forte brise marine solidifie et brunit ses murailles : l'eau de la mer n'est pas perfide comme celle des lacs et des fleuves, elle attaque, mais elle ne ronge pas. Les fenêtres hautes, larges, sans vitres, ressemblent à des yeux sans pensée ; dans les vastes porches dont les degrés du seuil sont détruits, le flot d'azur entre en riant et en plaisantant, il incruste des coquilles dans la pierre, il met du sable dans les cours et y laisse la verte et brillante végétation de ses algues. La nuit, le palais devient noir, intensément noir; au-dessus de sa tête, le ciel est serein et les étoiles de diamants scintillent; au loin, la mer de Pausilippe est phosphorescente et dans les villas perdues au milieu des bois, se font entendre de mélancoliques chants d'amour et les notes monotones de la mandoline : le palais reste sombre, et sous ses voûtes l'onde marine s'agite... De temps en temps, on croit voir passer lentement une lumière falote dans les vastes salles et des ombres fantastiques se dessiner dans l'embrasure des croisées; mais elles ne font pas peur. Ce sont peut-être de vulgaires voleurs qui ont trouvé là un bon abri, mais notre magnifique pauvreté ne les craint pas ; ce sont peut-être des mendiants qui ont découvert là un refuge, mais la richesse de notre cœur nous fait les plaindre ; ce sont peut-être des fantômes, mais nous sourions, car nous les aimons, les fantômes, nous vivons avec eux, nous rêvons par eux, et pour eux nous mourons. Oui, nous mourons pour eux, avec le désir d'errer nous aussi sur la mer, sur les collines, dans les églises sombres et humides, dans les salles fraîches où le moyen-âge a vécu.

*
* *

C'était un soir et ces larges croisées resplendissaient de clarté ; autour du palais, sur la mer, se berçaient des galères joyeuses, drapées de velours qui baignait dans l'eau, ornées de lampions colorés, enguirlandées de fleurs à la proue, et les bateliers se pavanaient dans de riches livrées. Toute la noblesse napolitaine, toute la noblesse espagnole accouraient à une des magnifiques fêtes que la fière Donn'Anna Carafa, femme du duc de Medina-Cœli, donnait dans son palais de Pausilippe. Dans les salles allaient et venaient les serviteurs, les pages vêtus de couleurs rose et grise, les majordomes, avec le collier d'or et la baguette d'ébène ; les belles dames arrivaient continuellement avec de longues traînes de brocart et de hauts cols de dentelles d'où jaillissait la tête comme un pistil de fleur, avec des colliers de perles et de brillants qui tombaient en cascades sur leurs corsages cambrés et séducteurs ; elles étaient accompagnées de leurs maris, de leurs frères et quelques-unes, plus hardies, seulement de leurs amants. Dans la grande salle, à l'entrée, dans son riche vêtement pourpre, lamé et tissé d'argent, se tenait Donn'Anna di Medina-Cœli, un léger sourire sur la bouche, dont la grosse lèvre inférieure s'avançait presque en signe de mépris, inclinant à peine sa tête hautaine devant les femmes, donnant sa main à baiser aux cavaliers qui étaient, comme elle, grands d'Espagne. L'œil gris, aux éclairs d'acier, pareil à celui de l'aigle, montrait la complète satisfaction de cette âme faite d'orgueil et de vanité ; elle jouissait de voir venir à elle tous les hommages, tous les compliments, toutes les adulations. C'était elle la plus noble, la plus puissante, la plus riche, la plus belle, la plus respectée, la plus redoutée ; c'était elle la femme, la grande dame, la reine de la grâce et du pouvoir. Elle pouvait gravir, toute glorieuse, les deux degrés qui faisaient un trône de son grand fauteuil ; elle pouvait aspirer avec vivacité l'ardente haleine que l'ambition satisfaite lui soufflait au visage. Les dames s'asseyaient autour d'elle, lui faisant un cercle brillant, car toutes lui étaient inférieures de naissance, de race, de situation : elle était la seule, la plus grande — l'unique.

Au fond de la grande salle était dressé un théâtre destiné au spectacle. Toute cette réunion d'invités choisis devait d'abord assister à la représentation d'une comédie et à celle d'une danse mauresque; puis, dans les salles, les danses se seraient déroulées jusqu'à l'aube. Mais la grande curiosité de cette représentation était que les acteurs, par une mode venue de France depuis peu, appartenaient à la noblesse. Donn'Anna Carafa di Medina-Cœli méprisait les mœurs faciles de la France, qui corrompaient la sévère cour espagnole, mais désireuse de conserver la faveur populaire, elle s'apercevait que ces aimables usages plaisaient à tous et étaient adoptés avec enthousiasme. C'est seulement pour cela qu'elle avait consenti à ce que Donna Mercédès de las Torres, sa nièce d'Espagne, jouât un rôle dans la pièce.

Donna Mercédès, jeune, brune, aux grands yeux d'or, aux cheveux noirs, dont les tresses lui formaient un casque sur la tête, était une vraie Espagnole. Elle représentait, dans la comédie, le personnage d'une esclave amoureuse de son maître, qui le suit partout, et dont le dévouement va jusqu'à lui servir d'entremetteuse pour d'autres amours, jusqu'à mourir pour lui d'un coup de poignard destiné à ce cavalier par un père cruel. Elle jouait avec une telle ardeur, avec une telle impétuosité, que toute la salle était émue de la passion malheureuse de la belle esclave Mirza : tous étaient émus, sauf Gaëtan di Casapesenna qui remplissait le rôle du cavalier. Mais ainsi l'avait voulu le poète, qui n'avait mis dans la bouche de ce seigneur que des paroles glacées, et celui-ci, froid, indifférent, inconscient, ne faisait que rester fidèle à son véritable caractère. Seulement, à la fin de la pièce, quand l'infortunée Mirza, blessée mortellement, adressa des paroles de tendresse à celui qui fut sa vie et sa mort, alors la vérité brilla enfin devant les yeux du cavalier et, brusquement saisi par l'amour, il s'agenouilla devant le corps de la pauvre fille, en couvrant de baisers son pâle visage baigné d'une sueur d'agonie. En vérité, il mit une telle fougue dans cet élan, sa voix fut si pathétique et si trempée de douleur, ses gestes furent si désordonnés, son transport fut si violent, qu'il parut à tous réellement supérieur à un véritable acteur et la salle entière éclata en applaudissements.

Seule, sur son trône, Donn' Anna pâlissait mortellement et, sous ses gemmes et sous sa couronne ducale, se mordait les lèvres : ce n'était pas elle la plus aimée.

*
* *

Les deux femmes se retrouvaient souvent dans les salles du Palais Medina. Elles se regardaient : Donna Mercédès, frémissante de jalousie, l'œil plein d'éclairs, livide, rongeant un frein que haïssait son âme indépendante ; Donn' Anna, pâle de haine, muette dans sa colère. Elles se regardaient : Donn' Anna, impassible et froide ; Donna Mercédès, agitée et fébrile. Elles échangeaient de rares et hautaines paroles. Mais quand la jalousie éclatait, alors leurs bouches étaient pleines d'injures.

— Les femmes d'Espagne s'abandonnent sans résistance à leur amant, disait Donn' Anna, avec sa voix dure et grave.

— Les femmes de Naples se glorifient du nombre de leurs adorateurs, répondait vivement Donna Mercédès.

— Vous êtes la maîtresse de Gaëtan Casapesenna, Donna Mercédès.

— Vous l'avez été, Donn'Anna.

— Vous oubliez toute retenue, toute pudeur, en donnant votre amour en spectacle, Donna Mercédès.

— Vous avez trahi le duc de Medina-Cœli, mon noble oncle, Donn'Anna Carafa.

— Vous aimez encore Gaëtan de Casapesenna.

— Vous l'aimez aussi, mais il ne vous aime plus, Donn' Anna.

La bouillante Espagnole avait la victoire, et Donn' Anna se mourait de rage. Mais la haine glaciale de la duchesse, contre laquelle venait se briser l'ardeur de Donna Mercédès, mettait cette dernière hors d'elle. Toutes deux avaient dans le cœur un horrible secret, toutes deux avaient les entrailles rongées par le féroce serpent de la jalousie ; toutes deux se mouraient d'amour et de colère impuissante. Donn'Anna cachait son angoisse, mais Donna Mercédès la montrait dans l'agitation de son esprit et de son corps. La duchesse agonisait en souriant; Donna Mercédès agonisait en pleurant et en arrachant ses noirs cheveux. Enfin, elle disparut brusquement du Palais Medina-Cœli et on raconta que, prise d'une soudaine vocation religieuse, elle avait désiré la paix du cloître. On parla beaucoup du mysticisme qui avait envahi cette âme mondaine, des journées que la jeune femme passait agenouillée devant le Sacrement, de la ferveur de ses prières et de ses larmes ardentes;

mais on ne nomma pas le lieu, le pays, le royaume où se trouvait le couvent. En vain Gaëtan di Casapesenna chercha Donna Mercédès en Italie, en France, en Espagne et en Hongrie; en vain, il fit des vœux à la Madone de Lorette et à saint Jacques de Compostelle ; en vain il pleura, pria, supplia — rien n'y fit : il ne revit jamais sa belle maîtresse. Il mourut jeune, dans une bataille, comme il convient à un chevalier malheureux.

D'autres fêtes eurent lieu au Palais Medina, d'autres hommages saluèrent la riche et puissante duchesse Donn'Anna; mais elle restait assise sur son trône, l'âme pleine de fiel, le cœur aride et solitaire. Elle était vengée, seulement elle restait seule et abandonnée.

*
* *

Les fantômes qui habitent le Palais Donn' Anna sont-ils ceux des deux amants?

O divins, divins fantômes ! Pourquoi ne pouvons-nous pas, nous aussi, soupirer d'amour comme vous, même après la mort ?

VI

La Barque-Fantôme.

Les connais-tu? Les connais-tu, ces jours sales et tristes, quand l'Ennui immortel prend la couleur grise, l'odeur nauséabonde et la pesanteur opprimante du brouillard hivernal, quand le ciel est stupidement anémique, quand le soleil ressemble à une lanterne fumeuse et à demi-éteinte, quand les fleurs pâlissent et les fruits pourrissent, quand les joues des femmes ont l'air d'être poudrées de cendres, quand la main des hommes paraît être en liège, quand la ville pue l'eau-de-vie et la campagne le lait aigre? C'est dans ces jours-là que l'imagination, exaltée par sa propre fièvre, ne trouve pas de pâture, n'a plus d'apaisement, et se nourrit horriblement d'elle-même, en se disséquant, en s'examinant. Dans ces jours-là la Poésie, cette délicate et mince Vierge, irrémédiablement malade, languit, penche la tête et meurt sans un gémissement, sans un soupir — et l'Art, la Vierge forte et robuste, frappée mortellement, agonise en se tordant les bras, exhalant dans des plaintes lugubres son propre désespoir. En vain, l'artiste cherche à se plonger dans son rêve préféré — le songe disparaît. En vain, il essaie de faire vibrer toutes les cordes de la blonde lyre ; sous sa main tremblante, les cordes se cassent, avec un son qui se prolonge dans l'air comme un sinistre présage. O jours sombres, cruels et maudits !

Mais pourquoi dans ces jours-là ne cherchons-nous pas à mourir ? Pourquoi ne fermons-nous pas les yeux, nous laissant rouler dans un abîme sans fond, où il serait si doucement douloureux de finir la vie ? Pourquoi ne parlons-nous pas d'amour, jusqu'à ce que la voix s'éteigne dans notre gorge aride et la parole ne devienne plus qu'un murmure indistinct?... Viens donc m'écouter : je t'entretiendrai d'amour, toi, fantôme fuyant et insaisissable, être divinement malfaisant, humainement bon, infiniment cher, beau comme une réalité, horrible comme une illusion, toujours lointain, toujours présent, qui vit dans des régions inconnues et qui est en moi : chimère, être humain, nébuleuse, mirage, prisme, apparence, image fugitive, idée odieuse et adorable ou qui emplit ma vie...

*
* *

L'as-tu jamais vue la barque-fantôme? L'as-tu jamais vue, mon amour?

... Ecoute-moi. Je ne sais quand advint l'histoire d'amour que je vais te conter. Qu'importe! Aujourd'hui, hier, demain, le drame de la passion est multiforme et unique. Le cœur bat à se briser aussi bien sous une toge de laine, que sous une cuirasse d'acier ou un pourpoint de velours, et la folle palpitation n'en cause pas moins la ruine d'une existence ; que les bras de la bien-aimée soient entourés de voiles sacrés ou nus sous les cercles métalliques des bracelets, qu'ils soient cachés par des étoffes soyeuses ou à peine voilés par des dentelles transparentes, ils n'embrasseront pas avec une ardeur plus ou moins grande. Qu'importe une date ? Thécla était belle. Son visage avait cette blancheur chaude et vive, qui devient rosée sous les baisers ; dans ses grands yeux voluptueux, s'allumaient d'étranges étincelles d'or ; ses lèvres arquées étaient faites pour ce sourire long, profond et conscient que peu de femmes connaissent ; ses tresses épaisses, brunes, s'assombrissaient dans un noir bleuté. On l'appelait Thécla, un nom à la fois dur et doux, qui dans le vocabulaire fantaisiste des noms signifie « cœur coupable ». Les appellations ont aussi leur fatalité. Jeune fille, Thécla avait ignoré l'amour, orgueilleuse et indifférente ; mariée à Bruno, elle avait ignoré la passion, épouse fière et glacée. Cependant, elle avait vu le cœur de Bruno brûler et se consumer pour elle, ce rude et dur cœur qui n'avait jamais aimé — mais ce souffle ardent de désir ne l'avait pas réchauffée, cette voix anxieuse et tremblante ne l'avait pas émue, et la passion de Bruno était resté inutile. Celui-ci le savait, car Thécla le lui avait dit. Elle ne mentait jamais. Elle s'était mariée, sans haine, mais sans enthousiasme. Bruno, lui, ne pouvait se résigner et sa froide épouse était l'insoutenable tourment de son existence. La ride de son front, la cruauté de son regard, le ricanement de sa lèvre, l'amertume de sa bouche, le fiel de son âme — tout cela venait de Thécla. Il aurait pu mourir, mais quand on aime, on a rarement ce courage. Il aurait pu tuer Thécla, mais il n'y pensa pas : on ne tue pas une femme vertueuse, et celle-là possédait une grande et fière vertu.

*
* *

Mais comme tout sentiment élevé en rencontre toujours un autre qui le dépasse et le domine, ainsi la vertu de Thécla fut dépassée et dominé par un amour immense. Ce fut une grande défaite ; ce fut un grand triomphe. Brusquement, sa fierté se noya dans l'humilité, son orgueil fut brisé, englouti... Aldo était singulièrement beau : un charme irrésistible vibrait dans sa voix harmonieuse, ses paroles brûlaient comme du feu liquide, et son regard mettait dans l'âme une épouvante exquise. Mais tout cela n'eût pas existé, que Thécla l'aurait quand même aimé. Ce fut une nuit, dans une salle brillante de lumières, qu'ils se rencontrèrent. Ils ne surent rien se dire. Cependant entre ces deux êtres qui se séparèrent sans un sourire, sans un salut, un lien indissoluble s'était noué. Ils marchaient l'un vers l'autre devant infailliblement se rencontrer.

— Que fais-tu à la fenêtre, Thécla ? Il y a une heure que tu regardes dans l'ombre, comme si tu y voyais quelque chose ?

— Je regarde la mer, Bruno, répondait-elle avec l'infinie mélancolie de ceux qui commencent à aimer.

— La brise du soir te fait mal, Thécla, tu es pâle comme une morte.

— Laisse-moi ici, je t'en prie.

— Tu es triste, Thécla, à quoi rêves-tu ?

— Je ne rêve pas, Bruno.

— Dis-moi ce qui t'attriste ?

— Rien ne peut m'attrister.

— Thécla, ta main est glacée et tes lèvres sont brûlantes, tu souffres, tu trembles, tu chancelles...

— Je meurs...

Mais un soir, après plus de vingt nuits que l'insomnie angoissée s'était assise à son chevet trempé de larmes, Thécla se sentit secouée tout entière, comme si un appel puissant l'eût éveillée.

— Me voici, murmura-t-elle.

Et muette, rigide, avec la démarche uniforme d'une automate, traînant derrière elle son long vêtement blanc comme un suaire, d'un pas rythmique qui effleurait à peine le sol, ses longs cheveux défaits sur ses épaules, ses yeux grands ouverts dans l'obscurité, elle traversa la maison et sortit sur la terrasse qui donnait sur la mer. Aldo était là.

Elle alla à lui. Ils se regardèrent dans l'ombre, sans un mot, sans un soupir.

L'amour triomphant, dédaigneux d'une vaine expansion, les étouffait.

*
* *

O nuits inoubliables créées pour l'amour! ô éternelle beauté du golfe de Naples, créé par l'amour! Pendant les nuits de printemps, quand la terre en rut trouble les sens et tente l'âme, quand l'air est trop chargé du parfum des fleurs, on peut descendre vers la mer, entrer dans une barque, fuir la côte et, étendu sur des coussins, contempler l'azur sombre du ciel, l'ondoiement voluptueux des flots et l'ardente palpitation des étoiles qui semblent vouloir se détacher du noir firmament pour se précipiter dans l'éther. Pendant les morbides nuits d'été qui succèdent aux journées ardentes et angoissées, quand la terre se repose, épuisée, par la longue et passionnée caresse du soleil, heureux celui qui peut se faire bercer dans une barque, comme dans un hamac, tandis que le fort parfum marin le fait songer au Tropique, à sa splendide et monstrueuse végétation, à ses filles brunes et rieuses qui se promènent sous les tamariniers.

Pendant les douces nuits d'automne, quand la lune maladive s'unit à la blanche mélancolie du ciel, à la pâleur languide des étoiles, à l'idéale nébulosité des collines, quand la nature entière est toute floconneuse d'écume, il y a des personnes qui choisissent la mer pour confidente et vont lui conter les découragements de leur vie, tandis que la molle courbe de Pausilippe semble s'abaisser et vouloir disparaître dans l'onde. Pendant les tempêtueuses nuits d'hiver, quand la bourrasque montre dans la ville la misère des rues étroites et sales, noyées sous l'eau des gouttières, quand l'âme sent le besoin impérieux d'un spectacle plus grandiose et plus majestueux, il n'y a pas d'impression plus belle que de se trouver en haute mer, dans l'ombre noire où le péril est d'autant plus grand qu'il est plus caché. Mais le plus heureux de tous est celui qui jouit de ces nuits en caressant les cheveux de la femme aimée, qui, en la serrant contre son cœur, rêve de l'enlever dans le pays cher aux amants et qui, en l'étreignant, espère mourir avec elle, sous le ciel profond, dans la mer triomphante. Plus heureux qu'eux tous, plus enviables dans leur bonheur, étaient Aldo et Thécla.

*
* *

— Aldo, la mer est trop noire.

— Je t'aime, Thécla.

— Je t'aime, Aldo. Soutiens-moi avec ton bras puissant, mon amour. Pourquoi ce batelier se tait-il ?

— Son travail est dur peut-être. Nous lui donnerons de l'argent... Tu m'aimeras toujours, toujours, Thécla ?

— Toujours Aldo, cette torche jette une lueur sanglante sur nos visages et sur la mer. On dirait qu'elle éclaire des cadavres et une tombe, amour...

— Que crains-tu de la mort ?

— Qu'elle me sépare de toi.

— Jamais. Dieu doit nous châtier ensemble.

Le silence se prolongea. Ils se regardaient, tandis qu'à leur passion s'unissait la note douce d'une tendresse grave, comme un pressentiment. La barque volait sur l'eau ; le batelier ramait avec une grande force, sans tourner la tête pour regarder les amants.

— Il ne te semble pas, Aldo, que nous sommes loin de la plage ?

— Tant mieux, ma très douce.

— Pourquoi cet homme ne parle-t-il pas ?

— Il nous envie peut-être, Thécla. Il est jeune, il a sans doute au cœur un amour sans espoir.

— Interroge-le, Aldo. Demande-lui pourquoi il cache son visage ?

Tout d'un coup, le batelier se retourna. C'était Bruno, c'était la figure de la haine. Aldo et Thécla se serrèrent l'un contre l'autre en s'embrassant, et la barque chavira sur le baiser des deux amants, sur le cri de fureur de Bruno. Trois fois, les amants revinrent à la surface, enlacés, serrés, le visage empreint d'une béatitude céleste ; trois fois revint à la surface un masque contracté par la colère...

*
* *

Ecoute moi, amour. A une certaine heure de la nuit, sur la belle rive de Pausilippe, sur la joyeuse plage de Mergellina, sur la sombre berge de Chiatamone, sur la grève bruyante de Santa-Lucia, sur le quai sale du Môle, sur les galets éternellement agités du Carmine, la barque-fantôme apparaît et passe rapidement sur l'eau ; les amants s'embrassent longuement, la tête du mari se retourne pleine de rage et l'embarcation chavire. Encore trois fois, et l'éternel baiser, et l'éternel rictus de la haine viennent à la surface. Chaque nuit, la barque-fantôme apparaît. Mais tout le monde ne la voit pas. Dieu permet seulement à ceux qui aiment, à ceux qui aiment éperdûment de la contempler. Elle se montre seulement aux amoureux, qui pâlissent en l'apercevant : c'est la preuve de l'amour, une preuve infaillible et étrange.

L'as-tu vue ? L'as-tu vue, toi, la barque-fantôme ? Oh ! malheureuse, si j'avais été seule à l'apercevoir...

VII

Le Secret du Mage.

En l'an 1220 de la Sainte Incarnation, comme régnait à Palerme et à Naples, le grand et bon roi Frédéric II de Souabe, il advint à Naples une très belle histoire qu'il ne vous sera pas désagréable d'écouter, car le sujet en est vraiment curieux. Vous ne trouverez pas une pareille nouvelle, ni dans les historiens, ni dans les élégants conteurs ; moi-même, je l'ai recueillie, quoiqu'elle fût déformée et abîmée par la tradition populaire, et je veux, en vous la contant, la consacrer par ce court récit, afin que plus tard mes petits-enfants en aient une idée claire et nette — ces petits enfants pour lesquels travaille et lutte tout écrivain dédaigneux des faciles succès contemporains. Mais sans m'attarder plus longtemps à ces préliminaires, puisque j'ai expliqué clairement mon intention, voici les faits :

Dans la ruelle des Cortellari, qui, comme chacun le sait, appartenait au quartier de Portanova, il y avait une petite maison, étroite et haute, dont les fenêtres minuscules avaient des vitres sales et plombées. La porte d'entrée était basse et obscure, l'escalier malpropre et roide : rarement on ouvrait les croisées. Les gens passaient vivement devant cette maison, en lui jetant un regard de colère et de peur, ou en murmurant entre les dents une prière et une malédiction. En vérité, dans cette demeure habitaient des gens mal famés ; au premier étage, il y avait un maudit juif, digne descendant de ceux qui crucifièrent Notre Seigneur Jésus-Christ, un juif voleur qui prêtait de l'argent à usure et rognait les pièces d'or ; au second, se trouvait une belle fille, de celles qui sont la tentation et la damnation de l'homme ; au troisième, étaient un mari et une femme, vilains museaux qui le jour faisaient au dehors quelque métier inconnu et équivoque, et qui, le soir, en rentrant, se battaient comme de la laine. Ce qui causait l'épouvante des passants n'était pas spécialement ce chien de juif, le regard provocant de la courtisane ou les cris de la femme rossée par son mari, mais c'était tout cet ensemble et surtout l'idée qu'au dernier étage de cette maison du diable, habitait Cicho le Sorcier. Les âmes qui craignent le Seigneur, faisaient le signe de la croix, — qui est aussi celui de notre salut — et passaient outre ; les esprits sceptiques faisaient les cornes avec les doigts, se tâtaient le genou, prononçaient quelques conjurations, exécutaient les pratiques nécessaires pour conjurer le mauvais œil. Quoique Cicho sortît rarement et encore plus rarement ouvrît les auvents de ses fenêtres, le peuple, qui connaissait sa magie et son pouvoir surhumain, en éprouvait une grande crainte.

Sans doute les allures mystérieuses de Cicho donnaient raison à ce qu'on racontait de lui. On ne savait ni ce qu'il était, ni d'où il venait ; toujours enfermé chez lui, sans ami et sans parent, les épaules voûtées, le pas lent, l'œil fixé à terre, murmurant des paroles grecques, latines ou de quelque langue démoniaque, il aimait peu à parler et pourtant son accueil n'était pas dur; au contraire, il souriait dans sa longue barbe blanche et ses sombres vêtements étaient toujours propres. En vain, quand il alla demeurer dans la ruelle des Cortellari, les petites femmes d'alentour s'informèrent de lui, osèrent l'interroger, arrêtèrent son domestique et recoururent à tous les moyens que conseille Dame Curiosité. Elles ne purent rien savoir, et Cicho, son origine, sa vie, restèrent dans les ténèbres de l'inconnu. Mais, par la suite, en épiant, en observant, en imaginant, on apprit que Cicho se livrait à des pratiques magiques ; pendant la nuit, jamais sa lampe ne s'éteignait dans la petite chambre où il étudiait sur de gros manuscrits à fermoirs d'argent, qui, généralement, reposaient sur une étagère poussiéreuse ; jamais non plus une mince colonne de fumée ne cessait de sortir du trou noir de sa cheminée ; et sa chambre était pleine de cornues, d'alambics, de fourneaux, d'étranges couteaux de toutes les formes et de tous les genres, et de singuliers instruments de fer destinés à des usages effrayants. On racontait que Cicho passait des heures entières courbé sur une marmite, qui bouillait et dans laquelle certainement dansaient des herbes infernales et maudites, qui donnaient des infirmités, la folie et la mort, quoique le domestique n'achetât jamais au marché que des herbes ménagères, comme de la marjolaine, des tomates, du basilic, du persil, des oignons, de l'ail et d'autres encore. Mais on sait que les sorcières vont sur le pré, la nuit du Sabbat, enchantent la lune, appellent le diable, et cueillent des herbages malfaisants. On rapportait encore que Cicho sortait sur sa petite terrasse, enlevant sur ses mains et sur sa robe une poudre blanche, qui certainement devait empoisonner l'air ; souvent aussi, il allait se laver les mains tachées de rouge dans un seau, dont l'eau se corrompait immédiatement. Ces doigts sanglants donnaient crédit à d'horribles soupçons ; d'autant plus qu'on ajoutait avoir aperçu sur le sol, dans le laboratoire de Cicho, de larges taches d'un rouge-brun, semblables à des flaques de sang, et que celui-ci passait ses nuits à couper, avec ses minces petits couteaux, quelque chose de délicat étendu sur une grande table de marbre blanc. Des bras d'enfants, des pattes de grenouilles, des peaux de serpents, répétait-on partout... Et dans la rue, les commères clignaient de l'œil et se poussaient du coude en disant :

— Cicho le mage, Cicho le sorcier !

— Ce vieux-là cherche le moyen de redevenir jeune !

— Il veut faire de l'or peut-être...

— Ou bien cette pierre qui donne la vertu, la sagesse et une longue vie.

— Allons donc ! il évoque le diable pour devenir Grand Turc.

Cicho écoutait et passait en souriant. Au fond, les commères en avaient peur et n'osaient le maudire qu'à voix basse ; elles obligeaient même les enfants à le respecter. Le sorcier, malgré les bruits qui couraient, avait l'aspect vénérable et l'air satisfait d'un homme qui mûrit une idée belle et féconde. Il semblait dire : « Mon jour viendra, et vous verrez, gens ingrats ! »

Pour éclaircir un peu le mystère et dépouiller sa vie de ce côté surhumain, que Dieu ne permet plus sur la terre, car Dieu fait des miracles seulement pour l'âme et non plus pour le corps, je vous conterai ce qui suit :

Cicho, dans son temps, avait été un jeune homme riche, robuste et beau ; il avait su jouir de sa belle santé, de sa jeunesse et de sa fortune ; il avait été aimé, il avait aussi aimé ; il avait eu des palais, des coursiers de noble race, des pierres précieuses, des vêtements tissés d'or ; il avait été de toutes les fêtes, banquets, bals, tournois, carrousels ; il avait apprécié avec un égal plaisir les baisers des femmes, les beaux coups d'épées des cavaliers, et les vins généreux des festins. Quand ses richesses commencèrent à diminuer, comme il arrive toujours, les femmes et ses amis s'éloignèrent, mais Cicho, qui avait fait dans les auteurs anciens une bonne et grande provision de philosophie, ne s'en émut guère. Si bien que, resté seul, n'ayant rien à faire, il fut pris du désir de se rendre utile aux hommes. Et, après en avoir longuement cherché le moyen, se souvenant de ses jouissances et de ses plaisirs passés, il résolut de trouver quelque chose qui participât directement au bonheur de son semblable — mais à un bonheur fugitif et passager, auquel il voulut donner un fondement solide. Dans ce but, il acheta des livres et des parchemins, il étudia longuement, faisant chaque jour de nouveaux essais, se trompant, recommençant, perdant ses nuits, son argent et le charbon de ses fourneaux. Pendant longtemps sa mauvaise chance le poursuivit et ses expériences ne réussirent pas, mais sa confiance n'en fut pas ébranlée. Il travaillait pour le bonheur des hommes, et ce noble dessein faisait briller devant ses yeux d'encourageantes visions. Enfin, après de longues années de peines et de fatigues, il put croire avoir atteint son but, criant lui aussi, la parole du grec Archimède devant sa découverte. Puis, selon l'habitude des inventeurs, il se plut à parachever sa découverte, à la caresser, à lui donner une forme séduisante, à la perfectionner, de manière à pouvoir dire aux hommes :

— Je vous l'offre belle et complète.

*
* *

Or, sur la terrasse de Cicho, s'ouvrait aussi la porte d'une petite chambre où habitait Jovanella di Canzio, avec son mari : celle-ci était maligne, rusée, fine, et avait la langue aussi bien pendue qu'une femme peut l'avoir ; son occupation préférée était de connaître les faits et gestes de ses voisins, soit pour en tirer quelques avantages personnels, soit pour en dire du mal. Inutile d'ajouter que la méchante Jovanella épiait constamment le vieux sorcier ; elle se rongeait d'impatience et, la nuit, la curiosité la tenait éveillée dans son lit ; cependant, elle ne réussissait pas à découvrir quelque chose, et, de rage, elle médisait davantage de ses voisins et tourmentait plus encore son mari, Giacomo, qui était garçon de cuisine au Palais Royal. Mais, c'est avec quelque sagesse que le dicton populaire assure que la femme obtient toujours ce qu'elle veut fortement — et malgré les précautions et les mystères adoptés par Cicho, malgré les portes fermées et les fenêtres barricadées, Jovanella connut le secret du sorcier. Peut-être le surprit-elle par le trou de la serrure, par une fente de la porte, par une crevasse du mur ou par tout autre moyen, je l'ignore. Mais ce qui est certain, c'est qu'un jour, Jovanella dit au garçon de cuisine :

— Giacomo, si tu as le cœur d'un homme, ta fortune est faite.

— Es-tu donc devenue une sorcière ? Je m'en étais toujours douté.

— Que le diable t'emporte ! Ecoute. Veux-tu dire au cuisinier du Palais que je connais un mets si nouveau et si exquis, qu'il mériterait d'être présenté sur la table du Roi ?

— Femme, tu es folle !

— Que Dieu m'arrache cette langue qui m'est si précieuse, si je dis un seul mot qui ne soit pas vrai !

Et elle finit par le persuader de parler au cuisinier, qui à son tour en informa le majordome, lequel en entretint un comte, et ce dernier osa en toucher un mot au roi lui-même. Cette idée plut au monarque, qui donna des ordres pour que la femme du garçon de cuisine entrât dans les communs du Palais et composât le fameux plat : en effet, Jovanella accourut aussitôt et, en trois heures, tout fut fait. Voici comment : elle prit d'abord de la fleur de farine et la pétrit avec un peu d'eau, du sel et des œufs, maniant longuement la pâte, afin de la rendre légère et fine comme de la toile ; puis elle la coupa avec un couteau en bandes minces qu'elle roula ensuite comme de petits tuyaux ; elle en fit une grande quantité et les mit à sécher au soleil. Puis, elle mêla dans un poêlon de la graisse de porc, des oignons coupés en morceaux minuscules et du sel ; quand les oignons furent frits, elle y ajouta un gros morceau de viande; après que celle-ci fut bien cuite et eut acquis une belle couleur dorée, elle versa dessus le jus pourpre et épais de tomates qu'elle avait passées à travers un tamis; elle couvrit le poêlon et laissa mijoter, sur un feu doux, la viande et la sauce.

Quand l'heure du dîner fut venue, elle fit bouillir de l'eau dans un chaudron, où elle jeta les tuyaux de pâte; tandis qu'ils cuisaient, elle râpa une grande quantité de ce doux fromage qui se fabrique à Lodi, mais qui s'appelle de Parme. Quand la pâte fut à point, Jovanella la retira de l'eau, l'égoutta, la plaça dans un bassin de porcelaine où elle l'assaisonna en y mettant alternativement une cuillerée de sauce et une cuillerée de fromage. Et le fameux mets se présenta ainsi devant Frédéric le Grand, qui en resta étonné et surpris; il fit appeler la Jovanella, lui demanda comment elle avait pu imaginer un mariage aussi harmonieux et aussi parfait. La misérable femme répondit que la révélation lui en avait été faite par un ange, dans un songe: le puissant monarque voulut que son cuisinier en apprit la recette et fit cadeau à Jovanella de cent pièces d'or, disant qu'il fallait beaucoup récompenser celle qui avait contribué pour une si grande part au bonheur des hommes. Mais la fortune de Jovanella ne s'arrêta pas là, car chaque comte et chaque dignitaire voulut avoir la bienheureuse recette et envoya son propre cuisinier l'apprendre chez elle, en la payant très cher; et après les dignitaires, vinrent les riches bourgeois, et puis les marchands, et puis les ouvriers, et puis les pauvres, qui tous donnaient à la femme ce qu'ils pouvaient. Au bout de six mois, tout Naples se nourrissait de ce délicieux macaroni — de *macarus*, mets divin — et Jovanella était riche.

*
* *

Cependant, Cicho le sorcier, seul dans sa petite chambre, modifiait et changeait sa découverte. Il jouissait à l'avance du moment où son secret étant connu des hommes, la gratitude, l'admiration et la fortune viendraient à lui. Est-ce que la découverte d'un mets nouveau ne vaut pas celle d'un théorème philosophique, d'une comète inconnue ou d'un insecte ignoré? Oui, n'est-ce pas? Alors, loué soit celui qui l'a faite. Mais, un jour que le terme était proche, Cicho le sorcier sortit pour respirer dans les rues du Môle; arrivé près de la porte du Caputo, une odeur connue lui frappa les narines. Il trembla et voulut se consoler, en pensant qu'il s'était trompé. Mais tenaillé par la curiosité, il entra dans la maison d'où était sorti le parfum exquis, et demanda à une femme qui veillait sur la cuisson d'un poêlon :

— Que cuisines-tu là ?

— Du macaroni, vieillard.

— Qui te l'a appris, femme ?

— Jovanella di Canzio.

— Et à elle ?

— Un ange, dit-on. Elle en a fait goûter au roi; les princes, les comtes, la cour, tout Naples en voulurent. Partout où tu entreras, pâle vieillard, dans la maison la plus pauvre, comme dans le palais le plus riche, tu verras préparer du macaroni. As-tu faim ? Veux-tu goûter de celui-ci ?

— Non. Adieu.

Après être entré dans diverses maisons, se traînant à grand'peine, Cicho le mage eut la certitude de ce qui était arrivé et comprit la trahison de Jovanella. Le gardien du Palais Royal lui répéta l'histoire de l'ange et du rêve. Alors, dégoûté de toute chose, désespéré, il retourna chez lui, renversa les cornues, les alambics, les poêlons, les fourneaux, les marbres et les couteaux ; il cassa, il brisa tout et brûla ses livres de chimie. Puis, il partit seul et ignoré, pour ne jamais plus revenir.

Naturellement, les voisins assurèrent que le diable avait emporté le sorcier. Mais quand Jovanella fut à son heure dernière, après avoir eu une vie heureuse, riche et honorée, comme seuls savent en mener parfois les méchantes gens, quoi qu'en disent les maximes contraires, Jovanella, dans l'angoisse de son agonie, confessa son péché et mourut en criant comme une damnée. Mais une justice même tardive ne fut pas rendue à Cicho le sorcier; seulement la légende ajoute que, dans la masure de la ruelle des Cortellari, dans la chambre même du sorcier, la nuit du Sabbat, le vieux Cicho revient couper la pâte du macaroni, tandis que Jovanella di Canzio tourne la cuillère à pot dans la sauce de tomates et que Satan d'une main râpe le fromage et de l'autre attise le feu sous la chaudière. Mais que la découverte de Cicho soit diabolique ou angélique, elle a fait le bonheur des Napolitains, et rien ne montre qu'elle ne doive continuer à le faire pendant toute la durée des siècles.

VIII

Donn'Albina, Donna Romita, Donna Regina.

La légende de Donn'Albina, Donna Romita, Donna Regina, court encore dans les quartiers tranquilles de la vieille Naples, qui entourent l'Université; cette légende circule dans ces ruelles étroites et tortueuses, tombe dans le ruisseau, se relève, monte jusqu'au ciel, redescend, s'attarde dans les nefs humides et sombres des églises, se réfugie dans les tristes jardins des couvents, s'égare, se perd, se retrouve, se renouvelle — et elle est toujours jeune, toujours fraîche. Si vous voulez, ô mes fidèles et chers lecteurs, je vous la narrerai. Si vous voulez un peu oublier vos folles passions, vos haines taciturnes, vos visages pâlis, vos âmes inquiètes, je vous parlerai d'autres passions également folles, d'autres haines, d'autres pâleurs, d'autres âmes. Si vous voulez, je vous conterai la légende des trois sœurs : Donn'Albina, Donna Romita, Donna Regina. C'étaient les trois filles du noble baron Toraldo. La mère, Donna Gaetane Scauro, de haute et grande lignée, était morte très jeune ; le baron se désespérait que son nom dût s'éteindre avec lui, cependant il ne se remaria pas. Il obtint comme faveur spéciale, du roi Robert d'Anjou, que sa fille aînée, Donna Regina put, en prenant un époux, conserver son nom de famille et le transmettre à ses enfants. En l'an 1320, il mourut, réconforté dans la foi de notre Seigneur Jésus-Christ. Donna Regina avait alors dix-neuf ans, Donn'Albina dix-sept et Donna Romita quinze.

L'aînée était une beauté fière et magnifique, avec ses cheveux bruns enfermés dans une résille d'argent, son front étroit et bas, ses grands yeux noirs gravement rêveurs, son profil sévère, son visage pâle, ses lèvres pourprées, rares de sourires et de paroles ; son corps sculptural, enfermé dans des lignes pures, avait un maintien posé, une démarche roide, et des mouvements presque rigides. Et l'esprit de Regina, pour ce qu'en pouvait deviner l'indiscret observateur, ressemblait à son corps. Il y avait dans cette âme une austérité précoce, un sentiment absolu du devoir, une haute idée de sa mission, un aveugle respect pour le nom, les traditions, les droits et les privilèges de sa race. C'était elle le chef de la famille, l'héritière, la gardienne du sang noble, de l'honneur, de la gloire ; c'était dans son fragile cœur de femme que ces choses devaient trouver aide et soutien — et elle, dans le silence et dans la solitude, s'habituait à fortifier son cœur, à y faire naître la constance et la fermeté, à y effacer toute trace de faiblesse. Quelquefois sur son esprit, toujours froid, toujours tendu, passait un souffle ardent et doux, et il montait en elle de vagues désirs d'amour, de parfums, de couleurs éclatantes, de sourires ; mais elle cherchait à se dominer, elle s'agenouillait pour prier, elle lisait dans le vieux livre où étaient écrites les histoires de sa famille — et elle redevenait l'inflexible jeune fille, Donna Regina, baronne de Toraldo.

Donn'Albina, la seconde sœur, avait un visage d'une exceptionnelle blancheur. C'était une aimable jeune fille, souriante sous la blondeur de ses cheveux, avec des yeux d'un bleu intense, des traits délicats et un corps souple. La physionomie dure et fière de Donna Regina devenait fémininement gracieuse en Donn'Albina. Et vraiment, elle représentait toute la douceur de la maison Toraldo. C'était elle qui présidait aux longs travaux de ses femmes sur le brocart d'or, à la confection des dentelles en brillants fils d'argent et des tapisseries historiées, allant d'un métier à l'autre, se penchant sur les broderies, conseillant et dirigeant ; c'était elle qui, chaque samedi, surveillait la distribution des aumônes aux pauvres, faisant attention à ce que nul ne fût traité avec dureté, à ce que nul ne fût oublié, debout sur le premier degré de la porte, vivante image de la miséricorde terrestre. C'était elle qui portait à sa sœur Regina les suppliques des serviteurs malades, des pauvres fermiers, de tous ceux qui demandaient une grâce ou un secours. Sa nature gaie et affectueuse s'affectait du silence de cette maison, de l'austère gravité qui y régnait, des corridors glacés, des salles de marbre qu'aucun rayon de soleil ne venait réchauffer ; elle s'affectait de la froideur de Regina qu'aucune tendresse ne venait tempérer — et elle s'en affectait pour Donna Romita.

Car, Donna Romita était une singulière créature, moitié femme, moitié enfant, comme en témoignait son aspect juvénile : des cheveux blonds sombres, courts et frisés ; un visage brun, de ce brun chaud et vif qui semble avoir conservé un reflet du soleil ; des yeux d'un beau vert d'émeraude, glauque et changeant comme celui de la mer ; des lèvres fines et rouges, des formes maigres et encore un peu anguleuses, des gestes brusques et toujours inquiets. Tantôt elle paraissait indifférente, froide, avec les yeux sans expression et les narines pincées, comme si la vie se fût retirée d'elle ; tantôt elle s'agitait, une flamme colorait son visage, ses lèvres frémissaient de baisers, de paroles, de sourires, ses paupières cachaient une lueur ardente, qui jaillissait de sa prunelle claire ; tantôt elle devenait irritable, fière, le visage fermé, pâli par une colère intérieure. Dans les jours d'hiver, quand la pluie fouettait les vitres, quand le vent sifflait par les fentes des portes et gémissait dans les larges cheminées, Donna Romita se recroquevillait dans un grand fauteuil, comme un oiseau peureux et malade ; dans les chaudes heures de l'été, elle errait dans les allées ombreuses du jardin, et quelquefois s'abîmait dans de longues rêveries. Peut-être pensait-elle à sa mère, à laquelle on lui avait dit qu'elle ressemblait..

* * *

Cependant les trois sœurs menaient une vie très calme. Les heures de la toilette, de la prière, du travail, des repas étaient réglées ; les occupations de chaque semaine, de chaque mois étaient également établies minutieusement. Partout, Donna Regina passait la première et ses sœurs la suivaient; elle occupait le grand fauteuil familial surmonté du tortil de baron ; elle avait la clef des coffres où étaient renfermés les insignes de sa noblesse et les joyaux de famille; à table, elle avait la place d'honneur entre ses deux sœurs, l'une à droite et l'autre à gauche, assises sur de simples sièges sans dossier; à la chapelle, elle chantait les litanies. Le matin et le soir, les deux sœurs cadettes saluaient l'aînée, s'inclinaient devant elle et lui baisaient la main ; elle effleurait leurs fronts de ses lèvres froides. Rarement elle les consultait, car elle avait un bon sens supérieur à son âge et à son sexe; mais quand l'occasion s'en présentait, les deux jeunes filles attendaient patiemment le moment d'être interrogées. Elles possédaient toutes trois le sentiment profond et inné de ce qu'elles se devaient mutuellement : Donn' Albina et Donna Romita éprouvaient un respect affectueux pour Donna Regina. Ses paroles étaient pour elles une loi indiscutable, contre laquelle jamais elles ne se seraient rebellées. Au fond, elles l'aimaient, mais sans expansion. Et Regina, de son côté, était trop rigide pour leur montrer son affection, si toutefois elle en éprouvait.

Un jour, le roi Robert daigna écrire de sa main à Donna Regina Toraldo, qu'il lui destinait comme époux, Don Filippo Capece, gentilhomme de la cour de Naples.

*
* *

Il bruinait. Dans l'embrasure d'une fenêtre était assise Donna Regina, un livre d'heures à la main. Mais elle ne lisait pas.

— M'est-il permis de rester près de vous,

ma sœur? demanda timidement Donn' Albina.

— Restez, ma sœur, répondit brièvement Regina.

Celle-ci était plus pâle que d'habitude, la tête baissée, le regard vague. Et Donn' Albina cherchait en vain à deviner la pensée secrète qui barrait ce front sévère.

— Vous vouliez me confier quelque chose, Donn' Albina? demanda enfin Regina, en secouant sa rêverie.

— Je voulais vous dire que notre sœur, Donna Romita, me semble malade.

— Je ne m'en suis pas aperçue, vous avez sans doute envoyé chercher Giovanna, la femme qui s'occupe de médecine?

— Non, ma sœur, je ne l'ai pas fait.

— Et pourquoi?

— Hélas! ma sœur, je doute que les médicaments puissent guérir Donna Romita!

— Quel mal étrange est donc le sien, qu'on ne puisse lui trouver de remèdes?

— Donna Romita souffre, ma sœur. La nuit, son insomnie est pleine d'angoisse et son sommeil est agité ; le jour, elle fuit toute compagnie et s'en va pleurer dans quelque coin obscur ; elle passe des heures et des heures dans l'oratoire, agenouillée, la tête dans les mains. Donna Romita se consume lentement...

— Et savez-vous la cause de tout cela, Donn'Albina ? demanda Donna Regina d'une voix dure.

— Je crois la connaître, répondit la sœur cadette, toute tremblante.

— Dites-la donc.

— C'est vous qui me la demandez ?

— Certainement, et vous tardez trop à me la confier.

— Donna Romita se meurt d'amour, ma sœur.

— D'amour, dites-vous ? s'écria Regina en bondissant sur son siège.

— D'amour, oui, ma sœur...

— Comment ? Dois-je entendre sortir ces mots de votre bouche ? Qui vous a parlé d'amour ? Qui vous a enseigné cette triste science ? De qui dois-je le plus me plaindre, de Donna Romita qui me le cache, ou de vous, Donn'Albina, qui le devinez et me le rapportez ? Comment le cœur de l'une et l'esprit de l'autre ont-ils été troublés ? Ai-je donc été si peu prévoyante, si peu capable de veiller sur votre jeunesse ?

— L'amour est notre vie, répondit Donn' Albina avec une douce fermeté.

Regina se tut un moment. Elle fronçait ses sourcils altiers, comme pour condenser sa pensée.

— Le nom de cet homme ? demanda-t-elle enfin d'un ton dur.

Donn'Albina trembla et ne répondit pas.

— Le nom de cet homme, insista l'autre.

— C'est un jeune gentilhomme, un cavalier noble, beau et riche.

— Son nom ?

— Donna Romita a été fascinée par sa parole éloquente, par son regard de feu. Elle l'a aimé certainement sans le savoir...

— Son nom, vous dis-je ? Dois-je donc vous prier ?

— Oh non ! Mais vous lui pardonnerez, n'est-ce pas ? fit-elle en cherchant à prendre la main de sa sœur aînée.

— Qu'est-ce que je dois lui pardonner? Allons! Dites-moi le nom de ce gentilhomme.

— Pitié pour elle! Elle aime don Filippo Capece.

— Non!

— Elle l'aime, elle l'aime, ma sœur. Qui ne l'aimerait pas? N'est-il pas vaillant, courageux, galant avec les dames, séduisant de manières? Quand il murmure une parole d'amour, le cœur de celle à qui il l'adresse doit se fondre dans une joie infinie; quand ses lèvres effleurent le front de celle qu'il courtise, celle-ci doit posséder le bonheur des anges... Être sienne! Rêve béni, songe ineffable, félicité suprême, clarté radieuse! Pitié pour notre sœur! Elle l'aime...

Et la jeune fille tomba à genoux, balbutiant encore de vagues prières.

— Mais pour qui me demandez-vous pitié? cria Donna Regina, en relevant brusquement sa sœur dans un mouvement de colère. Oui, pour qui me le demandez-vous?

— Pour Donna Romita... balbutia l'autre, effarée.

— Demande-le aussi pour toi, car, comme elle, tu aimes Filippo Capece.

— Je ne l'ai pas dit ! gémit Albina, folle de terreur.

— Tu l'as avoué. Tu l'aimes. Et je ne puis pas pardonner : j'aime également Filippo Capece, avoua Regina d'une voix désespérée.

Et les ombres de la nuit enveloppèrent la maison Toraldo — une nuit sans l'espoir d'une aube le lendemain.

*
* *

Le silence de l'oratoire est profond. La lampe d'argent, suspendue devant une Madone brunie, brûle son huile parfumée, mettant dans les ténèbres une petite lueur incertaine. Une seule étincelle brille sur la robe d'argent de la Vierge. Si on tend bien l'oreille, on entend le bruit d'une respiration légère, légère... Une forme humaine gît prostrée, non sur le velours rouge du coussin, non sur le dossier sculpté du prie-Dieu, mais sur le marbre glacé du sol; le long vêtement blanc qui l'enveloppe a quelque chose de funèbre. Donna Romita est là depuis de longues heures, ayant tout oublié, dans l'abandon absolu de son être, absorbée par son idée fixe. Elle ne souffre pas du froid, elle ne voit pas l'obscurité, elle n'a pas la notion du temps, elle ne sent pas la douleur de ses genoux ployés, elle ne sent pas non plus la douleur de toute sa vie — elle sent seulement une pensée angoissante et continue lui marteler la tète.

— Sainte Vierge, délivre-moi de cet amour! Sainte Vierge, arrache-moi le cœur de ma poitrine! Sainte Vierge, fais-moi mourir, fais-moi mourir, fais-moi mourir! Délivre-moi de cet amour!

Et les invocations se multiplient; elle tend les bras vers l'image sacrée et se reprend à demander la mort, la mort. Son front brûlant frappe le sol, ses lèvres baisent le marbre, tout son corps se tord désespérément.

Tout à coup, un sanglot interrompt le silence. Qui pleure près d'elle ? C'est peut-être l'écho de sa douleur ? C'est peut-être son ombre, cette autre jeune fille vêtue de blanc, qui pleure et prie dans un coin ? Oui, c'est l'écho de sa douleur, c'est son ombre qui se désespère — c'est Albina, sa sœur bien-aimée. Donna Romita fuit, fuit, prise par la terreur et la honte, laissant dans l'oratoire un amour pareil au sien, une souffrance semblable à la sienne...

A ce même moment, dans la vaste chambre à coucher, seule, assise près de la lourde table de chêne, veille Donna Regina. Elle est immobile, elle ne prie pas, elle ne pleure pas, elle ne remue pas. Son beau visage semble sculpté dans le granit, et seuls, ses yeux brûlent d'un feu destructeur. Les heures passent sur sa tête orgueilleuse, les heures passent sur son cœur meurtri, les heures passent sans amener de soulagement à sa douleur.

***

Les rues de la vieille Naples sont gaies

dans le doux renouveau du printemps et joyeux sont les carillons des églises. C'est le jour de Pâques, le jour glorieux de la Résurrection. La paix du ciel descend sur la terre, sur les fleurs et dans la lumière éclatante. Le monde revit : sa jeunesse s'éveille après s'être un instant assoupie, et dans l'air, on respire le désir d'aimer.

Les deux sœurs cadettes ont demandé un entretien particulier à Donna Regina et elle le leur a accordé. Depuis longtemps, les trois jeunes filles ne se voient plus, l'une fuyant les autres, mettant la mélancolie et le deuil dans la maison, causant un grand désordre parmi les familiers et les serviteurs. Donna Regina est dans la grande salle, où autrefois se tenaient les cours de justice ; elle est magnifiquement vêtue et porte tous les joyaux de la maison Toraldo ; devant elle, sur un coussin, sont posés la couronne ornée de saphirs, de rubis et d'émeraudes, ainsi que le sceptre baronnal. Son visage est empreint d'une austérité calme et réfléchie.

Donn'Albina et Donna Romita paraissent à l'entrée, vêtues de brun, sans ornements. La rayonnante jeunesse de Donn' Albina est ternie; son radieux sourire est éteint et sa blonde beauté est fanée. Donna Romita courbe la tête, abattue: elle n'a pas encore eu le temps d'être jeune et déjà elle se sent irrésistiblement attirée par la mort.

Toutes les deux s'inclinent devant Donna Regina, qui les salue à son tour.

— Parlez aussi pour moi, Donn' Albina, murmure à voix basse Donna Romita.

— Nous venions vous dire, notre sœur, fait Donn' Albina, qu'il faut nous séparer.

Regina ne tressaille pas, ne bouge pas, — elle attend.

— C'est mon intention et celle de Donna Romita, de donner une moitié de notre dot aux pauvres et de consacrer l'autre à la fondation d'un monastère, où nous prendrons le voile.

— Toute religieuse de la maison Toraldo a droit d'être abbesse du monastère qu'elle a fondé, déclare Regina d'un ton sévère.

— Soit. Nous attendons vos décisions, ma sœur.

Elle ne répond pas. Elle réfléchit et se recueille en elle-même.

— Soyez généreuse en nous accordant votre consentement, Donna Regina. Nous vous avons trop offensée...

— Renoncez à cette résolution, fait l'autre avec un geste d'ennui.

— Nous n'y renoncerons jamais, reprend Donn' Albina, en respirant avec peine. Nous avons offensé vous et le Seigneur notre Dieu. Grave est le péché, grande doit être l'expiation... Voyez, nous n'avons pas encore atteint notre vingtième année et nous abandonnons ce monde si beau, si gai, si séduisant ; nous laissons notre maison, nos douces amies, nos habitudes si chères ; nous vous laissons, ma sœur aimée, vous que nous avons si profondément offensée. Le cloître nous attend. A vous l'honneur de conserver notre nom ; à vous la joie de connaître le bonheur dans le mariage, l'amour d'un mari, les caresses des enfants...

Et la voix de Donn'Albina devient faible comme celle d'une mourante.

— Vous vous trompez, mes sœurs, répond lentement Regina. Il y a quelque temps que j'ai résolu de prendre le voile, dans un couvent que je fonderai...

Un lourd silence suit ces funestes paroles.

— Je ne puis épouser Filippo Capece, reprend-elle, tandis qu'une flamme de dédain lui monte au visage. Il me hait.

— Hélas ! Je lui suis indifférente... murmure Donn' Albina.

— J'aspire au cloître : il m'aime... prononce Donna Romita d'une voix brisée.

Et les deux sœurs déposent un baiser sur la joue de Donna Regina, qui le leur rend froidement.

— Adieu, ma sœur.

— Adieu, ma sœur.

— Adieu, sœurs !

Donna Regina se lève, prend le sceptre d'ébène clouté d'or, et le brise en deux morceaux ; et se tournant vers le portrait du dernier baron Toraldo, elle lui dit en s'inclinant :

— Salut, mon père. Votre noble maison n'existe plus !

*
* *

Le brun visage des monastères, la pâle lueur des cierges transparents, le parfum excessif et lourd de l'encens, la voix profonde de l'orgue, les grises pierres des sépulcres ne parlent pas ; les cellules glacées, la couchette dure où le sommeil est difficile, les cilices ensanglantés, les livres d'Heures arrosés de larmes, les crucifix usés par les baisers ne parlent pas ; les figures jaunies, les yeux cerclés de noir, les corps amaigris, mais animés par une flamme sans cesse renaissante, ne parlent pas ; les convulsions, les hallucinations, les douloureuses extases ne parlent pas non plus... Sans cela, des histoires merveilleuses et dramatiques arriveraient jusqu'à nous ; sans cela, nous saurions la vie des trois sœurs ; sans cela, nous connaîtrions le jour où leurs tortures finirent.

Mais que nous importe ce jour-là ? Savons-nous si, *après*, on ne s'aime pas encore ? L'amour finit-il jamais ? Nous ne pouvons pas plus marquer son dernier jour, que noter sa dernière parole...

IX

O' Munaciello
(Le Moinillon).

Et ceci se passa en l'an de grâce 1445 de la Sainte Incarnation, sous le règne d'Alphonse d'Aragon : une jeune bourgeoise, qui portait le nom de Caterinella Frezza, fille d'un marchand de drap, tomba amoureuse d'un jeune noble, appelé Stefano Maricondo. Et comme c'est l'habitude en matière d'amour, il la paya largement de retour, si bien qu'on ne vit jamais un couple d'amants aussi amoureux, aussi fidèles. Mais ils n'étaient pas heureux et satisfaits, car la grande disproportion de leur naissance les empêchait de nouer le doux lien conjugal, et dans la maison Maricondo, on menait grande guerre contre le pauvre Stefano, — pareillement chez les Frezza, Caterinella était tourmentée par son père et torturée par ses frères. Malgré leurs grandes et continuelles souffrances, car on peut dire que les pauvres amoureux mangeaient du poison et buvaient des larmes, ils avaient des heures de joie inappréciable. A la tombée de la nuit, quand, dans les culs-de-sac où se tenaient les marchands, on ne voyait aucun passant, Stefano Maricondo, enveloppé dans le brun manteau qui a toujours protégé les voleurs et les amants, se glissait dans une ruelle noire et étroite, gravissait un escalier roide et sale où il était facile de se rompre le cou, se trouvait sur un toit et de là, sautant de terrasse en terrasse, avec une agilité et une assurance que l'amour renforçait, arrivait sur la petite plate-forme où Caterinella Frezza l'attendait, à moitié morte de peur.

Lecteur chéri, si tu as jamais frémi d'amour, imagine ces moments et n'en demande pas la description à ma faible plume.

Mais une nuit profonde, quand toute la céleste béatitude du Paradis semblait s'ouvrir pour l'âme ravie des deux amoureux, des mains traîtresses et bourgeoises saisirent Stefano aux épaules, et le précipitèrent du haut de la terrasse dans la rue, tandis que Caterinella, criant et se tordant les mains, s'accrochait aux vêtements des assassins. Le beau corps de Stefano Maricondo, horriblement mutilé, resta dans la rue toute une nuit et tout un jour, jusqu'à ce que la pitié de sa famille vînt le recueillir et lui donner une sépulture honorable. Mais, en vérité, ce fut une mort honteusement violente; d'abord parce qu'on peut avoir des doutes sur le sort de cette âme arrachée de la terre et envoyée devant l'Éternel chargée de péchés; et ensuite parce qu'il ne convient pas à un gentilhomme de périr de mort violente autrement que par l'épée.

Caterinella s'enfuit de la maison, folle de douleur, et fut pieusement recueillie dans un monastère de religieuses. Un jour, quand le temps assigné par la raison divine et par la raison médicale fut venu, elle mit au monde un enfant, tout petit, très pâle et avec des yeux épouvantés. Par pitié pour ce pauvre être, les sœurs laissèrent la mère le nourrir et le soigner. Mais quoique les mois et les semaines passassent, il ne grandissait pas et la mère, qui gardait toujours présente à l'esprit la belle et robuste prestance de Stefano Maricondo, s'en affligeait. Les religieuses lui conseillèrent de vouer l'enfant à la Madone, pour qu'il eût une santé florissante; elle obéit et vêtit son fils d'un petit habit de moine noir et blanc. Mais le Seigneur en avait décidé autrement dans sa sagesse divine et Caterinella n'obtint pas la grâce demandée.

L'enfant, à mesure que s'écoulaient les années, ne grandissait presque pas et, bientôt, il ressembla à ces jolis nains qui amusent la cour des puissants souverains. Aussi, sa mère continua à l'habiller comme un petit moine, si bien que le peuple l'appela dans son langage vulgaire : *O' Munaciello*, c'est-à-dire le *moinillon*. Les religieuses l'aimaient, mais les gens du dehors, les boutiquiers des rues Armieri, Lanzieri, Cortellari, Taffettanari, Mercanti, montraient au doigt ce bambin trop petit, à la tête trop grosse et presque monstrueuse, au visage terreux dans lequel les yeux semblaient plus grands et plus effarés encore, à l'étrange habit noir et blanc ; et quelquefois, ils l'injuriaient, comme la plèbe le fait souvent pour des personnes faibles et désarmées.

Quand le *moinillon* passait devant la boutique des Frezza, ses oncles et ses cousins sortaient sur le pas de la porte et l'accablaient des injures les plus horribles. Il ne m'est pas donné de savoir ce que comprenait le *moinillon* de toutes les grossièretés et les paroles déshonnêtes qui lui étaient adressées, mais il est certain qu'il revenait près de sa mère, triste et mélancolique. Quelquefois, un éclair de colère brillait dans ses yeux, et, alors Caterinella le faisait s'agenouiller devant les images sacrées et lui dictait les saintes paroles d'une prière. Peu à peu, dans ces bas quartiers où il traînait ses pas, le bruit se répandit que le *moinillon* avait, en lui, quelque chose de magique, de surnaturel. Quand les gens le rencontraient, ils se signaient et murmuraient des paroles d'exorcisme. Lorsque le *moinillon* portait un petit capuchon rouge que sa mère lui avait taillé dans un morceau de laine pourpre, alors c'était un bon signe ; mais lorsque le capuchon était noir, alors, c'était un mauvais présage. Mais comme le capuchon rouge paraissait très rarement, le *moinillon* était injurié et maudit.

C'était lui qui attirait l'air méphitique dans les bas quartiers; c'était lui qui y apportait la fièvre et les épidémies ; c'était lui qui, en regardant dans les puits, gâtait et empoisonnait l'eau ; c'était lui qui, en touchant les chiens, les rendait enragés ; c'était lui qui jetait de méchants sorts sur de certaines boutiques et faisait monter le prix du pain ; c'est lui qui, esprit malin, suggérait au roi de nouveaux impôts. A peine le *moinillon* paraissait-il au coin des rues, la tête basse, l'œil défiant et craintif, courant ou se cachant au milieu de la foule, qu'un chœur de malédictions s'élevait contre lui. On lui salissait sa tunique avec la boue du ruisseau et on lui jetait au visage l'écorce des fruits trop mûrs. Il fuyait sans parler, grinçant des dents, plus tourmenté de l'impuissance de sa chétive petite personne que des grossières injures de toute cette bourgeoisie. Caterinella était morte et ne pouvait plus le consoler. Les sœurs l'employaient aux menus services du potager ; mais, elles aussi, en le rencontrant à l'improviste, dans un corridor, vers le soir, le prenaient pour une apparition diabolique. Ce bruit s'accréditait de plus en plus, car jamais on n'avait vu la face noire du *moinillon* dans une église et cependant on le rencontrait dans différents endroits, presque en même temps. Si bien qu'un beau soir, le *moinillon* disparut. On ne manqua pas de dire que le diable l'avait emporté par les cheveux, comme il a l'habitude de le faire pour les âmes qui se sont vendues à lui.

Mais mon devoir de chroniqueur m'oblige à dire que l'on soupçonna beaucoup — et peut-être non sans raison — les Frezza d'avoir méchamment étranglé et jeté le *moinillon* dans un cloaque des environs, car on y retrouva plus tard un petit squelette avec un grand crâne. Je laisse au lecteur, en lui recommandant la sagesse et la prudence, le soin de démêler le vrai du faux, la part de la fable et celle de la réalité.

*
* *

Ici s'arrête la chronique. Mais moi, obscur commentateur moderne, je crois devoir ajouter que la mort du *moinillon* ne finit rien. Au contraire, elle n'est qu'un commencement. La petite bourgeoisie qui vit dans les ruelles étroites et sombres, ou bien mélancoliquement larges et sans horizon — cette petite bourgeoisie qui ignore l'aube, qui ignore le crépuscule, qui ignore la mer, qui ne sait rien du ciel, rien de la poésie, rien de l'art ; cette petite bourgeoisie qui ne connaît qu'elle-même, qui est lourde, carrée, plate, blafarde, grasse, gonflée de vanité ; cette petite bourgeoisie qui n'a pas, qui ne peut avoir, qui n'aura jamais le don céleste de l'imagination, possède cependant son lutin familier. Ce n'est pas l'esprit follet qui danse sur l'herbe molle des prés, ce n'est pas le gnome qui chante sur le bord des fleuves : c'est le malin lutin familier des vieilles maisons de Naples, c'est *O' Munaciello*, c'est le *moinillon*. Il n'habite pas les quartiers aristocratiques de Chiaia, de Saint-Ferdinand, du Chiatamone, de Tolède ; il n'habite pas les quartiers nouveaux de Mergellina, du Rione Amedeo, du Corso Salvator Rosa, de Capodimonte : la partie aérée, lumineuse, propre de la ville, ne lui appartient pas. Mais le petit lutin a son royaume incontesté dans les ruelles qui sont au-dessus de Tolède, dans les rues des Tribunali et de la Sapienza, dans la triste avenue de Foria, dans les faubourgs sombres de Vicaria, du Mercato, du Port et de Pendina.

Là, où il a été un être vivant, il tourbillonne comme esprit ; là, où on a vu son corps malingre, sa grosse tête, sa face pâle, ses grands yeux luisants, sa petite tunique noire, sa *patience* blanche, et son minuscule capuchon rouge, il reparaît comme lutin, vêtu de son même habit religieux, pour la plus grande terreur des femmes, des enfants et des hommes ; là, où on l'a fait souffrir — âme inconnue, peut-être noble et grande dans une enveloppe chétive, faible et maladive — il revient comme un esprit malicieux et malin, il revient avec le désir d'une longue et insatiable vengeance. Il tourmente ceux qui l'ont tourmenté. Demandez à un vieillard, à une fillette, à une mère, à un homme, à un enfant, si vraiment le *moinillon* existe et hante les maisons, ils vous feront une mine singulière comme si vous offensiez la vérité. Si vous voulez écouter des histoires, vous en écouterez ; si vous voulez avoir des renseignements authentiques, vous en aurez. Le *moinillon* est capable de tout... Quand la ménagère trouve la porte de son garde-manger ouverte, le pot à graisse cassé, la bouteille d'huile renversée et le jambon mangé par la chatte, c'est sans doute une malice du *moinillon* qui a causé le désastre. Quand la servante négligente laisse tomber le plateau et que les verres se brisent en mille morceaux, c'est le petit lutin impertinent qui a fait glisser la pauvre fille; il heurte encore le coude de la jeune bourgeoise qui travaille au crochet et se pique le doigt; il fait déborder le bouillon de la marmite et le café du filtre; il fait aigrir le vin dans les bouteilles; il jette un mauvais sort aux poules qui enflent et meurent; il déracine le persil, fait jaunir la marjolaine et ronge les racines du basilic. Si le commerce ne va pas, si le chef de bureau fait une scène, si un mariage décidé se rompt, si un oncle meurt laissant sa fortune aux pauvres, si au jeu du *lotto* les numéros 34, 62, 87, sortent au lieu des 25, 61, 8 — c'est la main diabolique du lutin qui a préparé tous ces petits et grands malheurs.

Quand l'enfant crie, pleure, ne veut pas aller à l'école, trépigne, court, saute sur les meubles, casse les vitres et s'égratigne les genoux, c'est le *moinillon* qui lui met le diable au corps; quand la jeune fille pâlit et rougit sans raison, devient mélancolique, sourit en regardant les étoiles, soupire en contemplant la lune et pleure pendant les tranquilles nuits d'automne, c'est le *moinillon* qui agite ainsi sa vie; quand le jeune homme achète des cravates irrésistibles, met du parfum dans son mouchoir, se fait friser les cheveux, rentre tard à la maison avec le visage pâle et fatigué, les yeux pleins de rêve, l'air tout étourdi, c'est le *moinillon* qui trouble son existence; quand l'épouse fidèle s'attarde à admirer le nez aquilin et les moustaches blondes du premier commis de son mari, et, durant les froides nuits d'hiver, reste les yeux ouverts dans le vide, essayant de murmurer des *Ave* et des *Pater*, c'est le *moinillon* qui la tente, et c'est Satan qui a pris la forme du lutin; quand l'époux volage a le vague désir de pincer la servante, c'est le *moinillon* qui l'incite à mal faire; et c'est lui encore qui donne des crises nerveuses aux vieilles filles hystériques. C'est toujours le *moinillon* qui bouleverse la maison, dérange les meubles, trouble les cœurs, emplit les esprits de frayeur; c'est lui, le lutin tourmenté et tourmentant, qui porte l'agitation et l'inquiétude sous sa tunique noire, la ruine et la désolation sous son capuchon noir. Mais la chronique véridique le dit, cher lecteur : quand le *moinillon* mettait son capuchon rouge, sa venue était de bon augure. Et c'est pour cet étrange mélange de bien et de mal, de méchanceté et de bonté, que le lutin est respecté, craint et aimé. C'est pour cela que les jeunes filles amoureuses se mettent sous sa protection, afin que leur gentil secret ne soit pas découvert; c'est pour cela que les vieilles filles l'invoquent à minuit sur le balcon, pendant neuf jours, afin qu'il leur envoie le mari qui se fait tant attendre; c'est pour cela que le joueur de *lotto* l'exorcise trois fois, pour gagner sûrement; c'est pour cela que les enfants l'appellent, le priant de leur apporter les bonbons et les jouets qu'ils désirent. La maison où le *moinillon* est apparu est considérée avec méfiance, mais non sans envie; la personne qui, hallucinée, a aperçu le lutin, est regardée avec compassion, mais non sans jalousie. Mais celle qui l'a vu — il se montre d'ordinaire aux jeunes filles et aux enfants — garde pour elle le précieux secret, qui peut-être lui apporte le bonheur.

Enfin le lutin de la légende ressemble au *moinillon* de la chronique napolitaine : c'est une âme ignorée, grande et souffrante, enfermée dans un corps étrangement petit, vêtu d'un habit symbolique; c'est une âme humaine, douloureuse et rageuse; une âme qui a pleuré et qui fait pleurer; une âme qui a souri et qui fait sourire; un enfant que les hommes ont torturé et tué comme un homme; un lutin qui tourmente les hommes comme un enfant capricieux, qui les caresse et les console comme un enfant ingénu et innocent.

X

Le diable de Mergellina.

Assise devant son miroir, elle laissait sa suivante passer le peigne dans la richesse de ses cheveux fauves, d'une couleur ardente et voluptueuse. Elle se regardait attentivement dans la glace : sur son visage d'une blancheur éblouissante, qui semblait rayonner, ne paraissait pas la plus légère trace rosée ; dans ses grands yeux glauques et cristallins, l'éclair du regard était vert et froid ; ses lèvres charnues, rouges comme la grenade, devaient être douces et amères comme le fruit dont elles rappelaient la saveur ; son cou fier, rond et plein, palpitait lentement. Elle examina ses mains à travers la lumière, — des mains aussi blanches que son visage ; elle examina ses bras frais et sains comme une pêche mûre, dans laquelle on peut mordre. Elle se trouvait séduisante, belle et un sourire de joie lui effleura les lèvres. Elle s'adorait ; elle idolâtrait sa propre beauté et brûlait tous les jours en son honneur un copieux encens, qui s'unissait à celui de tous ceux qui l'aimaient.

— Un message pour Madame Ysabel, dit un page frisé, saluant et tendant le billet posé sur un plateau d'argent.

Madame Ysabel parcourut la lettre. Messer Diomède Carafa lui écrivait des mots d'amour, qui parfois éclataient dans l'emportement de la passion, qui d'autres fois s'adoucissaient et s'alanguissaient dans les divagations d'une mélancolie infinie. Messer Diomède Carafa savait aimer : son âme noble et élevée était ouverte à la tendresse et à la sensibilité ; son âme forte et fière était capable de tous les élans d'un sentiment humain et puissant ; les orgueilleuses dames de la cour du Vice-Roi de Naples auraient volontiers abandonné leur fierté castillane, pour être aimées par lui et pour l'aimer ; les jeunes filles de l'aristocratie napolitaine, les brunes jeunes filles aux yeux bleus, l'auraient adoré s'il avait voulu faire attention à elles. Mais Messer Diomède n'avait de soins que pour Madame Ysabel, laquelle passait pour être une femme cruelle et glacée ; en effet, elle ne fit que sourire légèrement aux phrases amoureuses que Messer Diomède lui écrivait.

*
* *

Dans la grande salle de son palais, Madame Ysabel, vêtue d'un brocart rouge qui faisait ressortir la pâleur de son visage, sa fauve chevelure retenue dans une résille de perles, causait avec Messer Diomède. Le jeune amoureux était assis un peu loin de la dame, mais il fixait sur elle des yeux ardents et attentifs, sans jamais quitter ce charmant visage du regard ; et selon ce que disait la belle, sur le front du beau gentilhomme passaient des ondes de sang qui l'empourpraient, ou une pâleur livide qui le rendait blanc comme un linceul ; souvent, il se laissait emporter par la passion, alors sa voix tremblait et en elle vibraient les notes tendres et graves de l'amitié, le frémissement profond de la jalousie, l'ondulation indéfinie de la mélancolie, l'accent aigre de l'ironie, bref toutes les variations que possède la divine musique d'amour.

La dame, placide, tranquille, souriante, agitant son léger éventail de plumes, jouait aimablement et férocement avec le cœur du jeune homme. De sa place, elle faisait naître en lui la tristesse désespérée ou la sublime espérance, la colère aveugle ou la joie infinie, la sombre jalousie ou la radieuse confiance. Experte en cet art subtil et cruel, elle s'amusait à serrer ce cœur amoureux d'une main de fer qui l'étouffait peu à peu, puis elle relâchait son étreinte et le caressait avec des doigts légers et veloutés ; elle se plaisait à faire tressaillir de douleur cette âme, en la jetant brusquement dans un profond découragement ; elle se divertissait à exaspérer cette souffrance et à l'amener jusqu'au vertige suprême. Il y a eu et il y aura toujours de pareilles femmes. Le monde les maudit, les méprise, il devrait les haïr et les exécrer comme des monstres, mais il les subit et souvent les aime. Cela est et cela sera toujours ainsi. Paix à vous, aimables jeunes filles, dont les âmes douces et bonnes éclairent le corps délicat comme la lumière d'une lampe familière ; paix à vous, nobles épouses et mères sublimes, dont l'unique destin est de souffrir et de vous sacrifier : jamais vous ne serez aimées comme le seront ces femmes-là. Vertu, douceur, abnégation, sérénité, calme, bonheur, sont de vains mots : l'âcre et malsain désir de l'homme va vers la sirène mystérieuse et redoutée. Paix à vous : aimez, mourez, souffrez — jamais vous ne serez aimées comme le seront ces femmes-là !

*
* *

Cependant, il y eut un jour où Diomède Carafa crut être arrivé au point inaccessible de sa vie, au moment fatal où toute faculté, toute puissance physique, toute lueur de raison, toute force matérielle, toute chimère de l'esprit, se réunissent en cette harmonie unique, haute et profonde qui est l'amour. Ce fut le jour où Madame Ysabel, à l'improviste, après une année de lutte dans laquelle elle n'avait pas cédé d'une ligne, prise d'un abandon subit et dominée par une cause mystérieuse, déclara au jeune homme qu'elle l'aimait.

Ah! qui a aimé, la connaît bien cette saison chaude et exubérante, dorée par le soleil, baignée par l'azur infini, avec les midis enflammés où la nature brûle et se consume de volupté, où les fleurs s'épanouissent vite, vivent d'une vie rapide et débordante, exhalent des parfums lourds et violents, puis meurent d'avoir trop vécu; la saison frémissante, où tout est lumière, où tout est éblouissement, où tout est fièvre et délire; la saison bénie, la saison bienheureuse, après laquelle tout n'est que boue et que cendres. Qui a aimé connaît la saison d'amour de Diomède Carafa et n'attend pas que la parole froide et pâle du chroniqueur lui en fasse la description.

Qui a aimé, doit évoquer tous ces souvenirs d'amour, doit revivre ce passé plein d'une joie et d'une douleur qui n'ont pas d'égales, doit palpiter, doit s'agiter, doit avoir le délire et la folie de la passion, et il saura tout ce qu'éprouva Diomède Carafa. Les histoires d'amour ne se racontent pas ou se décrivent mal : l'art lui-même, l'art divin qui découvre et révèle tout, ne peut donner qu'une idée fugitive et pâle de l'amour protéiforme...

*
* *

Une courte saison. Si elle avait duré, le cœur se serait brisé dans l'exagération d'un sentiment qui est la folie elle-même. Peu à peu, avec des gradations imperceptibles, Madame Ysabel fut moins heureuse, moins amoureuse ; le sourire devint plus rare sur sa bouche, ses bras plus las dans l'étreinte, ses lèvres plus froides dans le baiser, l'émotion moins vive à l'arrivée et au départ. Diomède Carafa, aveugle, fou d'amour, ne voyait pas, ne comprenait pas,

Madame Ysabel descendait de plus en plus vers l'indifférence, qui était son état habituel et sa férocité renaissait dans les tortures qu'elle infligeait à cet homme. Mais Diomède Carafa souffrait et s'enivrait de cette souffrance, pleurait et se grisait de ces larmes, était malade et aimait ce mal qui le consumait ; il était tourmenté, affligé, oppressé, désespéré, mais il s'en extasiait, comme les martyrs chrétiens à la vue du sang qui sortait de leurs veines épuisées. Ysabel se montrait avec lui fermée, dure, méprisante et il l'aimait quand même, et plus peut-être... Ysabel devenait volage, légère, coquette, accueillant chez elle les plus beaux cavaliers napolitains, et, lui, qui se mourait de jalousie, aimait Ysabel pour la jalousie qu'elle lui inspirait. Il dépensait follement ses richesses, oubliait les prérogatives de sa noblesse, ne connaissait plus ses amis, ne fréquentait plus ses parents, ne savait plus rien de ses droits et de ses devoirs : Ysabel, Ysabel, aimer Ysabel était toute sa vie ! Ceci dura jusqu'à ce qu'un jour la vérité lui apparut claire comme la parole de Dieu ; il sut sa propre honte, il sut la trahison d'Ysabel avec Giovanni Verrisco, son ami et son camarade d'enfance.

* * *

Il cacha à tout le monde le drame de son âme, dédaigneux de consolation. L'écroulement immense de son bonheur, la ruine tragique et noire du splendide édifice de sa joie n'eurent pas de témoins. Cela ne vaut-il pas mieux? A quoi bon regretter? Les paroles compatissantes et froides ne servent à rien. Ce sont des feuilles mortes que le vent emporte bas et la douleur reste éternelle. En vain, il erra dans de lointains pays, voyageur solitaire et nonchalant ; en vain, il demanda l'oubli à la richesse, au luxe, à d'autres amours, à des fêtes splendides ; en vain, il voulut se passionner pour les œuvres d'art, afin de retrouver la paix — tout fut inutile. Partout, dans chaque pays, dans chaque femme, dans chaque fleur, au fond des vins généreux, dans les personnages des tableaux, dans les harmonies de la musique, il retrouvait Ysabel. Sa douleur n'était plus aiguë et déchirante, mais elle était lente, longue, stupéfiante. Il sentait son cœur se gonfler de tendresse et ses yeux de larmes ; il éprouvait le besoin du sacrifice, du culte, de l'extase..

— Dieu, Dieu, Dieu... lui dit ironiquement, un jour, son infidèle amie

*
* *

Diomède Carafa fut évêque d'Ariano, un prélat exemplaire et amateur d'art. Léonard de Pistoie, le peintre, fut son ami. Pour l'église de Piedigrotta, en l'honneur de l'ordination du nouvel évêque, l'artiste fit l'admirable tableau de Saint-Michel terrassant le démon. Or, Lucifer vaincu, le visage encore rayonnant d'une éclatante beauté, avait les traits de Mme Ysabel — le diable de Mergellina était une femme...

XI

Mégaride.

A l'endroit où la mer du Chiatamone est le plus agitée et vient se briser en écume blanche contre les noirs rochers qui sont les formidables fondations du château de l'Œuf; là, où le regard mélancolique du penseur découvre un paysage triste qui glace le cœur, il y avait autrefois, dans le temps des temps, cent áns au moins avant la naissance du Christ-Rédempteur, une vaste île fleurie qui s'appelait Mégaride ou Megara, ce qui signifie « grande », dans le doux idiome grec. Ce morceau de terre s'était détaché de la plage Platamonia, mais sans beaucoup s'éloigner; et comme si le ferment printanier eût passé de la colline à l'île par les flots de la mer, quand la belle saison couronnait de roses et de jasmin les montagnes, l'île fleurissait également au milieu de l'onde salée, comme un gigantesque bouquet que la nature y faisait surgir, comme un autel élevé à Flora, la déesse parfumée. Pendant les nuits d'été, de douces musiques s'élevaient au-dessus de l'île et, sous les rayons de la lune, il semblait que les nymphes marines, ombres légères, se livraient à des danses sacrées et enivrantes; aussi le passant qui se trouvait sur la rive, par respect pour la divinité, détournait les yeux en s'éloignant et les couples d'amants qui aimaient à errer, enlacés le long de la plage, envoyaient un salut à l'île divine et baissaient la tête pour ne pas troubler la danse auguste. Certes, l'île, avec ses buissons verdoyants, ses bois profonds, ses fraîches prairies et ses roseaux jaseurs, devait être habitée par des Dryades et des Néréides : autrement, elle n'aurait pas été si gaie sous le soleil, si magique sous la clarté lunaire, toujours colorée, toujours sereine, toujours odorante. Elle était divine, puisque des déesses y demeuraient.

Mais Lucullus, le fort guerrier, l'ami des lettrés, le premier parmi les épicuriens, habitué à satisfaire tous ses caprices, aimait les villas entourées d'eau de toutes parts ; il était mortellement las de son splendide palais de Rome, de sa maison de campagne de Baia, de sa villa de Tusculum, de sa villa de Pompéi. Il en voulut une dans l'île de Mégaride et il l'eut. Il viola la demeure des nymphes marines, pour en faire sa propre demeure ; il voulut posséder les prés, les bosquets de roses, les falaises qui descendaient mollement dans la mer : ses belles esclaves prirent la place des sirènes. Celles-ci regrettèrent seulement les grottes de corail, au milieu des algues vertes et allèrent se plaindre à Poseidon, qui ne les écouta pas. La villa magnifique fut construite et des jardins dignes d'un empereur jaillirent comme par enchantement ; dans les viviers se battirent les murènes à la vilaine tête de serpent et à la chair délicate ; dans les volières gazouillèrent les oiseaux les plus rares, destinés aux estomacs les plus délicats ; sous les portiques de la villa résonnèrent la cythare et la théorbe en l'honneur de Servilia, la sœur de Caton, l'épouse de Lucullus, la plus belle des dames romaines. Il y eut des danses joyeuses, de magiques illuminations, des jeux, des festins, comme seul Lucullus savait en donner. Il y eut des parfums de nard, des coupes de cristal teinté où des perles se dissolvaient dans le vin généreux ; il y eut des toges de pourpre, des péplums de byssus, des gemmes merveilleuses, des couronnes de roses — il y eut l'éternel cantique à la beauté et à l'amour. Là, accoururent pour se réchauffer à la lumière des yeux de Servilia, les jeunes gens timides qui n'osaient pas prononcer une parole devant elle et les jeunes gens hardis dont le verbe dépassait le regard en audace, des hommes mûrs et graves qui souriaient encore à l'amour, des vieillards qui soupiraient après la jeunesse ; et Servilia riait, jeune et gaie, heureuse de cet encens d'amour, — elle riait toujours, charmeuse et cruelle comme une sirène. Et Lucullus, philosophe placide et époux plus placide encore, jouissait des triomphes de sa femme. Il aimait les fêtes somptueuses qui duraient du soir aux premières lueurs de l'aube, les longs repas où le nectar succède au nectar, où l'imagination du cuisinier domine celle du poète et fait fondre sur les fourneaux les richesses d'un roi ; il aimait converser avec les lettrés, auxquels il offrait des vases d'or, des animaux précieux, des maisons et des jardins pour leur montrer la générosité d'un simple particulier. Servilia montait la pente souriante du plaisir et il descendait, tranquille, vers la paix de la vieillesse. Pour se divertir, il faisait creuser un canal d'eau vive, il faisait bâtir un palais, il refoulait la mer au loin, agrandissant ainsi les limites de son île chérie ; Servilia se laissait parfumer par ses femmes, prenait des bains de lait d'ânesse, portait à ses oreilles délicates deux lourdes perles qui lui déchiraient la chair, se parait de tuniques semblables à de l'air tissé, se chaussait de sandales qui coûtaient des prix fabuleux ; et, assise devant le miroir d'acier, elle se contemplait...

Elle était dans le triomphe de la beauté et de la jeunesse. Les yeux ardents de ceux qui l'aimaient, lui donnaient une auréole de feu, dans laquelle elle marchait, gracieuse salamandre, sans se brûler ; les soupirs de ceux qui l'aimaient, formaient autour d'elle une nuée dans laquelle il lui plaisait de respirer. La mer venait doucement battre les bords de Mégaride, et n'osait pas devenir violente ; le soleil la caressait avec tendresse, les zéphirs légers faisaient onduler ses champs de fleurs ; sous la tranquille lumière de la lune, l'île paraissait toute blanche, neigeuse, lactée, baignée par l'infinie douceur de l'air. Et Servilia, étendue sur son lit d'ivoire, vêtue d'étoffes tissées d'or, se laissait éventer par ses esclaves, frémissait de plaisir sous la brise marine, regardait distraitement la théorie des danseuses, en murmurant :

— C'est moi, c'est moi, la sirène !

Et l'air murmurait, lui aussi, après avoir joué avec la chevelure odorante de la jeune femme :

— C'est elle, c'est elle la sirène ! Servilia, quand elle soulève une guirlande de fleurs, est belle comme Flore ; Servilia, quand elle porte sur la tête le croissant brillant et au côté le carquois d'argent, est belle comme Diane ; quand Servilia sort du bain, sans ornements, les cheveux défaits, toute parfumée et enveloppée dans sa tunique blanche, se laisse essuyer par ses esclaves, elle est...

— ... belle comme Vénus, murmurait l'esclave amoureux.

— Plus belle que Vénus, ajoutait Servilia, dans son orgueil olympien.

Et ceci fut entendu par les nymphes océanides ; Vénus sut que Servilia l'avait offensée et, cette fois, Poseidon écouta la prière de sa belle maîtresse.

. . . .

Ronge, ronge, ô pieuvre molle, grise, flasque, pareille à une loque déchirée ; incrustez-vous, incrustez-vous, ô mollusques, ô coquillages, pour miner les fondements; jetez vos racines, ô algues glauques, pour arracher une petite motte de terre; fouillez, fouillez, ô animalcules de corail; frappe, frappe la roche, ô vague persistante, fais-y un trou couvert de sable, couvert de plantes, un trou perfide, noir et profond; creusez, creusez, ô petites et patientes puissances de la mer! Les Néréides pleurent, et pleurent aussi les Sirènes, car Vénus fut offensée et Poseidon est en colère!

. . . .

Servilia rit et chante. Lucullus est à sa villa de Tusculum et la vie est un don heureux — la vie dans l'amour, dans la richesse, dans le luxe, dans les plaisirs les plus délicats, dans les folies les plus coûteuses. Être jeune, être saine, être riche, être joyeuse, être admirée, louée, exaltée, glorifiée, idolâtrée — et aimée jusqu'à la dernière palpitation de la vie! Mais la mer s'agite sourdement, la terre frémit, un horrible craquement se fait entendre, un cri féroce monte au ciel, les ondes s'élèvent en vagues menaçantes, et l'île Heureuse, l'île Mégaride disparaît dans le gouffre des eaux, engloutie avec la villa, les jardins, les viviers, la beauté, l'orgueil et peut-être avec le premier soupir d'amour de Servilia.

. . . .

— Buvons aux Dieux Infernaux ! fait tranquillement Lucullus, dans sa villa de Tusculum, à l'annonce du funeste événement, en répandant sur le sol quelques gouttes du vin généreux.

. . . .

Veux-tu fouiller la profondeur de la mer, ô hardi plongeur ? Es-tu lassé des sirènes de la terre ? Va sur la plage rocheuse de Chiatamone, retiens ta respiration et précipite-toi dans les eaux ; en un éclair, tu seras au fond et tu verras les arches de la villa, les jardins de Lucullus et sa belle épouse qui est devenue la sirène de la mer. Mais ne te laisse pas séduire par la vision enchanteresse, et remonte à la surface, ô hardi plongeur : sur la terre, tu trouveras des sirènes comme Servilia, qui ne pourront pas t'aimer et te feront mourir de douleur.....

XII

Le Christ mort.

La chapelle est glaciale : pavé de marbre, parois de marbre, tombes de marbre, statues de marbre — un marbre sombre, dont la teinte maladive et humide vient du temps qui a passé sur lui, du soleil qui lui a manqué, de la pâle clarté qui tombe des fenêtres. Aucun ornement d'or, pas de candélabres, pas de lampes votives, pas de fleurs ; mais des frises, des volutes, des mosaïques, des inscriptions, des palmes, des arabesques, des chapiteaux en pierre blanche, grise ou noire — seulement en pierre. Tout y est glacial, tranquille, sereinement sépulcral. Dans les autres églises, il y a la voix du prêtre qui officie, la faible lueur des cierges, le tintement des sonnettes, le craquement d'une chaise, la fumée bleue de l'encens qui donne de la vie et du mouvement ; ici, le prêtre est absent, les cierges sont éteints, les chaises n'existent pas, les sonnettes sont muettes et l'encens ne brûle pas ; ici, la prière n'est pas une manifestation ardente de la foi, elle se meurt et s'arrête sur les lèvres glacées : ce n'est pas une église, c'est une tombe.

— Voulez-vous voir le Christ mort ? me demande le sacristain, d'un ton traînard.

Cette voix humaine et vulgaire me fait tressaillir. Cependant, elle me parle encore de mort.

— Voyons d'abord la chapelle, dis-je tout bas, ayant presque honte de parler.

Ceux qui y gisent, calmes et immobiles, les bras croisés sur le cœur, appartiennent aux plus nobles familles : grands d'Espagne, deux fois princes, deux fois ducs, trois fois comtes, cinq ou six fois marquis. Au-dessus de l'entrée, est la tombe d'un antique chevalier qui alla aux croisades : blessé dans un combat, on le crut mort et il fut emporté pour être enseveli ; mais brusquement tiré de son évanouissement, il sauta hors de la bière, plein de courage, dispersa et déconfit un groupe d'ennemis. Donc, partout des tombes. Partout de pompeuses inscriptions latines, où le sentiment et le regret sont étouffés sous la monotonie conventionnelle de l'éloge. Seuls, les chiffres ont une signification mélancolique : la vie n'est pas longue dans les maisons nobles. Les jeunes filles y meurent vite, ainsi que les jeunes hommes. Chaque tombe porte la grande statue de celui qui y est enterré, ou tout au moins un médaillon, sur lequel se dessinent en relief des profils suaves, des traits altiers et fiers, les ondulations marmoréennes de chevelures dénouées. Dans les familles de vieille race, la beauté pure est traditionnelle — une beauté plus faite d'expression que de plastique. Chaque tombe a sa statue, chaque tombe a son médaillon.

— Voulez-vous voir le Christ mort? reprend le gardien.

— Finissons de visiter la chapelle, fais-je, singulièrement ennuyée de cette insistance.

Entre une tombe et l'autre, entre les statues et les groupes allégoriques, toujours ce marbre froid. Voici la Pudeur, avec le visage couvert d'un voile ; voilà la Force, la Tempérance, la Gloire, l'Éducation, l'Amour filial — allégories vides et pompeuses qui ne renferment aucune idée. La dernière, c'est la Désillusion : un homme qui cherche par un effort suprême à se dégager d'un filet serré qui l'enveloppe tout entier. Singulière clôture de la vie, singulière fin de toutes les sublimités, de toutes les passions, de toutes les amours. La Désillusion — et plus encore peut-être...

— Pourquoi cette tombe n'a-t-elle pas de médaillon ? demandai-je au guide.

Il ne m'a pas entendue ou ne m'a pas comprise, car il recommence à dire :

— Le Christ mort...

— Voyons le maître-autel, reprends-je, en m'abstenant.

Oui, la dernière tombe à droite, n'a pas

de médaillon. Il manque l'effigie de la noble princesse qui y est ensevelie, qui est morte jeune, elle aussi. Le médaillon est lisse, vide, blanc, comme si l'image en avait été grattée. Et c'est aussi triste que dans la salle Ducale, à Venise, où le portrait de Marino Faliero est recouvert d'un voile noir. Le maître-autel est nu, sévère. Sur la paroi, au fond, en haut, il y a un tableau, une Vierge de la Pitié, pâlie et décolorée, qui soutient sur ses genoux le corps livide du Christ.

La peinture est abîmée, brune, sombre; un rat a fait un trou dans la côte de Jésus. En dessous, faisant partie du maître-autel, se dresse un grand groupe en marbre qui représente la Déposition de la Croix : toujours le même sujet, toujours la mort.

— Et voilà, répète triomphalement le gardien, en faisant quelques pas, et voilà le Christ mort.

Il se trouve au pied du maître-autel, à gauche. Sur un large piédestal, est étendu un matelas de marbre : sur cette couche glacée et funèbre, gît le Christ mort. Il a la taille d'un homme — d'un homme vigoureux et fort, dans la plénitude de l'âge. Il gît allongé, abandonné, roidi ; les pieds sont rigides et unis, les genoux légèrement infléchis, les reins creusés, la poitrine gonflée, le cou amaigri, la tête soulevée sur des coussins, mais penchée du côté droit, les mains jointes. Les cheveux sont embroussaillés, comme trempés par la sueur de l'agonie. Les yeux sont entr'ouverts, et aux paupières semblent encore trembler les dernières larmes, les plus douloureuses. Sur le matelas sont jetés dans un désordre artistique, tous les attributs de la Passion : les clous, la couronne d'épines, l'éponge imbibée de fiel, le marteau. Sur le piédestal, sous les coussins, est gravée cette inscription : *Joseph Sammartino, Neap.; fecit*, 1753. Et rien de plus. C'est-à-dire, non, il y a quelque chose de plus; sur le Christ mort, sur ce beau corps brisé, une pitié religieuse et délicate a jeté un suaire aux plis souples et transparents, qui voile sans cacher, qui ne dissimule pas la plaie mais la masque, qui ne couvre pas la douloureuse blessure, mais l'adoucit. Sur un corps de marbre qui semble de chair, est drapé un linceul de marbre que la main voudrait presque toucher. Rien ne manque donc en cette profonde création artistique: il y a le sentiment qui fait palpiter la pierre, en troublant notre cœur; il y a l'audace du créateur qui rompt avec toute règle, et il y a la facture d'une forme élevée, pure, exquise. Ce cadavre était vivant peu de temps auparavant, il se tordait dans les angoisses d'une effroyable agonie, jeune et robuste, il se révoltait devant le martyre, il se révoltait devant la mort. Ce n'était pas une défaillance, ce n'était pas une faiblesse: sa chair ne voulait pas mourir, son corps ne voulait pas mourir. Sous les plis du drap, la tête a un caractère stupéfiant: le front lisse est plein de pensées; les yeux pleurent d'une torture physique, mais les lèvres entr'ouvertes ont un vague sourire, qui ressemble à une espérance. C'est vrai, la douleur est passée du corps dans l'âme; c'est vrai, l'âme est affligée, mais ce n'est pas du désespoir, mais ce n'est pas de la désolation... L'âme, comme les lèvres, est abreuvée de fiel, seulement l'amertume est adoucie par une goutte de joie. Ce Christ exprime une douleur suprême et aussi une suprême espérance ; le mystère de cette tête divine est si puissant, l'admiration pour cette merveilleuse œuvre d'art est si profonde, la pitié pour ce beau mort est si grande, que le penseur tressaille et se plonge dans ses réflexions, que l'artiste reste ébloui et que le croyant se penche, en pleurant, sur ces pieds roidis, et les couvre de larmes et de baisers.

Ce devait être une singulière âme d'artiste que celle de ce sculpteur, qui a donné à l'art ce Christ mort. Dans son œuvre, il y a toute son âme — une âme qui renfermait deux amours parfaitement égaux : l'un pour une femme, l'autre pour l'art. Le premier fut malheureux et atrocement amer. Seul, celui qui a connu le déchirement d'une pareille souffrance, peut faire passer toute la poésie de cette souffrance dans le marbre inanimé; seul, celui qui a vécu dans les larmes, dans la misère, dans l'exaltation d'un sentiment solitaire et passionné, peut traduire dans le marbre l'angoisse sombre et solitaire de ce Christ. Le sculpteur a su, a senti — il a su ce qu'est le supplice subtil qui grince comme une scie inexorable; la tristesse grise, monotone, où tout est cendre, tout est dégoût, tout est nausée ; le chagrin vaste et lent comme un fleuve de larmes ; la désolation bruyante et tumultueuse pareille à un torrent qui entraîne tout sur son passage. Celui qui a fait ce Christ a haleté d'amour, a souffert et a pleuré ; il a aimé et un frisson mortel a secoué sa chair ; il a aimé et une affreuse convulsion a brisé sa vie ; il a aimé et n'a pas connu la joie, l'espérance, le plaisir ; il a aimé et a consumé sa propre existence dans la cruelle volupté du désespoir. Seul, celui qui aime, a pû créer ce Christ mort ; seul, celui qui souffre avec emportement et aussi avec une joie aiguë, a pû mettre dans une statue toute l'épopée de la douleur. Chaque coup de ciseau qui a taillé, brisé, caressé, adouci le marbre, a été une parole, une plainte, un gémissement, un cri, un éclat furieux de cet amour. La passion de l'homme vivant a créé la passion du Christ mort. Et il en est jailli une âme d'artiste, qui a imprimé son propre caractère à un chef-d'œuvre de l'art.

. . . .

— Pourquoi cette tombe n'a-t-elle pas de portrait? demandai-je de nouveau, en sortant de l'église, tandis que le gardien faisait résonner ses clefs.

— Le sculpteur n'a pas eu le temps de le finir...

— Quel sculpteur?

— Sammartino.

— Ah!

— ... Il mourut avant de l'achever. On le trouva, une nuit, dans une ruelle sombre, avec un poignard dans la poitrine.

. . . .

Comme dans l'angoisse de l'agonie, la tête du sculpteur mort dut ressembler à celle du Christ mort!

XIII

Providence, bonne Espérance.

Les enfants napolitains sont beaux ; ils jouent et rient comme tous les autres enfants du monde, mais ils ne veulent pas rester tranquilles le soir sous la lumière de la lampe, à moins que la jeune mère, ou la sœur aînée, ou l'aïeule aux lunettes d'or, ou la tante qui tricote des bas, ne leur racontent une longue et belle histoire, qui leur fasse ouvrir leurs grands yeux, jusqu'à ce que le sommeil les fasse devenir tout petits. Sont-ils ainsi tous les enfants du monde ? Je l'ignore : je connais seulement nos jeunes Napolitains qui aiment les histoires du soir sous la lampe. Je voudrais être la mère encore gaie comme une jeune fille, la grande sœur dont l'âme a déjà des instincts maternels, la grand'mère qui se rappelle les joyeuses années d'autrefois, la tante qui n'a pas de passé amoureux, qui n'a plus d'espoir dans l'avenir et dont la main tremblante d'émotion s'appuie timidement sur la tête d'enfants, qui ne sont pas siens : je leur dirai l'histoire de *Providence, bonne Espérance*. Mais voudront-ils m'écouter, moi qui ai l'habitude de conter aux hommes de noirs et vilains récits ? Bah ! les enfants sont beaux, ils aiment les jolies histoires et ils sont indulgents pour le conteur.

Il y avait donc une fois, dans notre chère Naples, un homme très bizarre. Je ne vous dis pas l'époque précise où il vivait son étrange existence, car vous ne vous souciez guère d'une date, mes enfants, vous qui avez le bonheur d'oublier, et les chiffres ne vous intéressent guère, vous dont la vie est toute une poésie. Cette époque, je la sais, puisque nous autres grandes personnes, nous avons le malheur de savoir trop de choses inutiles, d'accumuler dans notre tête trop de matière qui ne sert à rien — je la sais et je ne vous la dis pas. Il vous intéresse bien davantage de connaître comment était fait cet homme étrange, comment il s'habillait, ce qu'il mangeait, quelles étaient ses habitudes et en quoi consistait sa singularité.

Écoutez-moi tous attentivement, car maintenant le plus beau va commencer : cet homme dont je vous parle était long, long autant qu'un homme peut l'être, si bien que le peuple prétendait qu'il avait grandi dans l'humidité et que sa maman avait eu grand soin de l'arroser souvent, afin de le faire croître, comme s'il avait été un arbuste au lieu d'un individu en chair et en os. Il était aussi très maigre, avec des jambes qui dansaient dans ses pantalons comme dans une gaine trop large, avec des bras qui ressemblaient à deux ailes de moulin, toujours en mouvement. Vous avez déjà vu des moulins, mes chéris, n'est-ce pas ? Oui ? Alors, c'est bien. Continuons.

Cet homme long et maigre n'était pas

très vieux, car ses cheveux noirs n'avaient pas un fil blanc et ses yeux sombres, pareils à du charbon, brillaient comme ceux d'un jeune homme ; mais la peau de son visage était jaune comme le parchemin des livres de votre grand-père et formait mille petites rides ; le cou, dont les tendons étaient saillants, rappelait la patte sèche d'une poule morte. Il était toujours habillé de noir, avec des pantalons rendus luisants par l'usure, trop courts sur le pied, laissant voir de gros souliers de cuir et des chaussettes trouées ; il avait un long pardessus dont les basques flottaient et s'envolaient — un pardessus qui s'ajustait mal à la taille, aux épaules, à l'encolure, dont le premier bouton était toujours fourré dans la seconde boutonnière et ainsi de suite. Il portait au cou, en guise de cravate, un mouchoir blanc ; sur la tête, un mauvais chapeau, rouge de honte, tout taché et tout déchiré ; dans la main un bâton noueux, à la pomme aussi grosse que celle d'un tambour-major. On ne savait rien de cet homme, ni qui il était, ni d'où il venait, ni où il allait ; mais tous le connaissaient car, jour et nuit, il errait dans les rues de Naples, longue figure décharnée, qui prenait à la lueur des réverbères d'invraisemblables proportions, et, à la clarté du soleil, l'aspect d'un spectre, échappé du cimetière.

L'homme s'arrêtait à toutes les portes, s'arrêtait sous toutes les fenêtres en jetant son appel habituel ; il attendait un moment, puis repartait. Il connaissait toutes les maisons où il y avait des enfants, il stationnait à l'entrée en criant de sa voix stridente : *Providence* ! Alors le bambin venait, saluait l'homme et lui donnait un petit sou, un fruit ou un morceau de pain. Il connaissait aussi toutes les maisons où il n'y avait pas d'enfants et restait un instant sur le seuil, en criant: *Bonne Espérance*. Il avait un accent presque prophétique et tous ceux qui ont le désir d'avoir des enfants, tous ceux qui les attendent, tous ceux qui les aiment et les espèrent, faisaient l'aumône au mendiant. Seuls, les cœurs durs, ceux qui sont égoïstes, ceux qui n'ont jamais affectionné personne, ne lui donnaient rien ; le pauvre gueux connaissait ces maisons-là et ne s'y arrêtait pas. Cependant, au milieu du tapage des chars, des voitures, des métiers bruyants, des vendeurs offrant leur marchandise, il continuait à jeter son cri aigu qui dominait tous les autres : *Providence, bonne espérance* !

On l'entendait dans les caves profondes, dans les greniers élevés, dans les jardins, sur les terrasses, dans les appartements, et partout son appel portait la gaieté. Le pauvre malade qui, cloué sur son lit, regarde voler les mouches, compte les fleurs de la tenture ou les poutres du plafond, écoutait volontiers ces paroles qui, de la rue, semblaient lui donner la promesse d'une prompte guérison : *Providence, bonne espérance* ! L'ouvrier qui, dans sa boutique, pendant les chaleurs étouffantes de l'été, sue en tirant l'alène ou en frappant son marteau, se redressait plus vigoureux, pris du vague espoir que le travail serait moins dur, le patron moins exigeant et le pain moins cher : *Providence*, *bonne espérance* ! La mère, solitaire qui, le soir, tricote près de la table, sous la pâle clarté de la lampe, pense à son fils embarqué sur un navire de l'État, tremble au moindre souffle du vent et pleure aux rafales de la tempête, souriait à cette voix qui, dans l'ombre, lui disait d'espérer : *Providence, bonne espérance* !

Mais ce mendiant singulier, qui ne parlait jamais d'aumônes, s'entretenait volontiers avec les enfants de Naples, les connaissait presque tous, savait leurs noms et quelquefois leurs petits secrets. Dans la rue Santa-Lucia, où les marmots sont bruns, maigres, nerveux et ressemblent aux petits poissons de la mer, il s'arrêtait pour regarder les plongeons qu'ils font dans l'eau, les animant du geste et de la voix, agitant son bâton, excitant les plus braves, applaudissant les sauts les plus hardis ; puis les gamins remontaient et venaient s'amuser avec lui, se frottant contre ses longues jambes, tandis qu'un bon rire détendait les rides de l'homme et éclairait son visage.

Dans les beaux quartiers de Chiaia, de

Tolède, de la Riviera, il examinait longuement les bambins vêtus de velours et de dentelle, avec des boucles bien peignées, des jolis souliers neufs, des mains gantées — des bambins qui allaient se promener en voiture, accompagnés par leur maman ; des bambins qui n'avaient pas peur du mendiant et quelquefois lui donnaient un bonbon ou un morceau de chocolat, et lui, que personne n'avait jamais vu manger, dévorait ces douceurs avec un sourire de délice, la tête renversée en arrière, les yeux brillants de contentement.

Dans les bas quartiers de Pendino et du Mercato, où les enfants sont pâles et maladifs à cause du mauvais air et de leur nourriture composée de fruits acides, il leur donnait, en se cachant, des petits sous et s'enfuyait avec ses longues jambes, criant et agitant son bâton.

Sur les pentes des collines, là, où les enfants ont le visage florissant, les cheveux dorés par le soleil et les pieds nus dans la poussière, il les réunissait autour de lui, faisait des culbutes, se jetait par terre comme un fou et les faisait marcher le long de ses jambes, sur son ventre, sur son estomac, en riant et en chantant ; puis il en saisissait deux, les embrassait désespérément et s'échappait, par les ruelles, semblable à un épouvantail.

La nuit, il vaguait dans les rues de la ville, derrière les enfants qui cherchent les bouts de cigares, et, tâtant par terre avec son bâton, regardant dans l'obscurité avec ses yeux de chat, il trouvait, lui aussi, des « megos » qu'il jetait sans rien dire dans le panier des petits *trovatori* ; il s'arrêtait sur le seuil des églises où dorment sur le sol, roulés en boule comme des chiens, de misérables petites créatures sans feu ni lieu ; il en prenait deux ou trois et appuyait leurs têtes sur ses genoux, les abritant sous les basques de son pardessus, restant immobile, au froid, assis sur des degrés de pierre, regardant passer les gens aisés et heureux qui rentrent chez eux, et vont embrasser leurs enfants endormis dans la tiédeur du lit.

Providence, bonne espérance, allait le matin et à midi devant les écoles pour voir entrer et sortir les élèves ; pendant les huit jours de l'année où l'hospice de l'Annunziata est ouvert au public, le mendiant se promenait gravement dans les salles, examinant les enfants-trouvés, leur parlant, les caressant, jouant avec eux et leur chantonnant de mystérieuses chansons. Il était singulier de voir comme le mendiant devinait les balbutiements des tout petits, ainsi que les questions incohérentes des plus grandelets, et les enfants le comprenaient, lui, que les hommes ne comprenaient pas.

Une nuit, *Providence, bonne espérance* disparut, on ne sut plus rien de lui et on ne le vit plus. Un jardinier de Capodimonte raconta l'avoir aperçu dans la nuit, sur une grosse pierre, gesticulant, saluant, s'agitant, envoyant des baisers à la ville plongée dans le sommeil, se jetant par terre, dans la poussière, pleurant, s'arrachant les cheveux, puis se relevant et partant à grandes enjambées. Ceux qui le connaissaient, s'attristèrent de ne plus le voir, de ne plus entendre son cri qui réjouissait le cœur ; les enfants de Naples y pensèrent une, deux fois, puis ils l'oublièrent. On assura dans la suite que *Providence, bonne espérance* était un grand médecin d'un pays lointain, comme la Suède, la Norvège ou le Danemark, qui s'était fait aimer de la fille unique du roi, l'avait épousée secrètement et en avait eu un fils ; — que le roi ayant su le fait, était entré dans une grande colère, avait exilé le médecin pour toujours, enfermé sa fille dans un appartement et mis le nouveau-né en nourrice ; — que le vieux roi vint à mourir et alors le médecin fut rappelé par le nouveau souverain, son beau-frère, pour prendre sa place à la cour, près de sa femme et de son fils. C'est du moins ce qu'on raconta, mais à Naples, la figure de *Providence, bonne espérance* est restée traditionnelle auprès des mères, des enfants et des gens du peuple ; l'annonce de son arrivée sert encore à calmer les cris des petits désobéissants, à sécher les larmes des pleurnicheurs et à endormir ceux qui ont la mauvaise habitude de veiller tard, sans savoir que le sommeil...

Les enfants dorment.

XIV

La Légende de Capodimonte.

Là-haut, sur la colline, s'étend l'ombre fraîche du bois verdoyant ; les sentiers s'allongent à perte de vue sous les grands arbres et les feuilles mortes craquent doucement sur la terre brunie. La sève jaillit puissante du sol, gonfle les troncs noueux, se répand dans les branches qui s'entrecroisent, fait frissonner les innombrables feuilles brunes et luisantes ; au pied des arbres, croît une herbe douce, épaisse et touffue. L'anémone fleurit dans les haies et la rose sauvage effeuille sur le sol ses feuilles rosées. Les lézards d'un gris-vert, à la tête mobile et intelligente, à la queue nerveuse et frétillante, glissent, passent et disparaissent. Sous la voûte des allées profondes, la lumière pénètre à peine ; entre les feuilles serrées, le soleil jette sur le sable des petits ronds souriants; et des rayons minces et dorés traversent l'épais feuillage. Le silence est profond : la ville bruyante est loin, loin... Une odeur vivifiante flotte dans l'air et, de temps en temps, le joyeux gazouillement d'un oiseau fait vibrer l'atmosphère. Ce n'est pas la mesquine et maigre végétation des jardins coupés à angles droits, taillés, peignés, arrangés, poussiéreux et mélancoliques ; ce ne sont pas les plates-bandes de fleurs variées, qui ne donnent ni ombre ni fraîcheur, et obligent à des soins infinis ; ce n'est pas la nature correcte et soignée, impudente et pompeuse, qui s'étale au soleil sans honte, brûlée, séchée. C'est la forte et puissante nature qui jaillit de la terre notre mère et qui inonde la campagne d'un océan de verdure ; c'est la nature pudique et grande de la forêt, qui se couvre d'un manteau de verdure, qui cache son visage divin sous les plantes, qui dissimule ses amours passionnées dans l'ombre discrète, dans les calmes silences, dans les retraites inconnues.

C'est dans le bois immense qu'on rêve le mieux; on voit de légers fantômes traverser rapidement les carrefours ; quelque délicat visage de femme apparaît au milieu des vieux arbres ; la feuille qui tombe ressemble au bruit d'un baiser. C'est dans le bois aimable et discret qu'on s'aime...

***

Il errait dans les allées, seul, pâle et triste. La ville l'ennuyait, la maladie qui empoisonnait son âme était incurable. Son œil vitreux fixait les belles choses sans plaisir, sans intérêt : il n'appréciait pas la fête des couleurs, la joie d'une œuvre d'art, le sourire d'une jolie femme — rien ne pouvait détendre ses lèvres crispées. Dans la ville, une jeune fille frêle et pensive, se consumait d'amour pour lui : il ne l'aimait pas ; dans la ville, une femme belle et infidèle, brûlée par une intense passion, se mourait de désespoir pour lui : il ne l'aimait pas. Son cœur était ailleurs. Là-haut, peut-être, dans les brillantes et incomparables étoiles, joyaux ardents du ciel ; là-bas, peut-être, dans les ondes vertes et écumantes, dont le fracas ressemble au rythme d'une poésie monotone et uniforme ; au pôle, peut-être, dans les aubes neigeuses, dans les atmosphères glacées où le soleil ne se réchauffe pas ; dans la noire et affreuse Afrique, peut-être, au milieu des rouges lianes géantes, près des serpents bleutés aux yeux ensorceleurs. Il aimait très loin, dans une contrée inconnue, dans un pays ignoré, une créature mystérieuse qu'il avait créée. Il ne la recherchait pas, il ne la désirait pas : son âme n'avait ni volonté ni aspiration. Il aimait. Son palais restait vide, sa mère se désolait dans la solitude, ses serviteurs dormaient dans les antichambres, les chevaux de sang hennissaient d'impatience dans les écuries. Il ne se souvenait plus de rien. Il traînait sa vie, errant dans les avenues du bois, où il retrouvait la paix ; il traînait sa longue vie. s'épuisant d'amour. Son corps dépérissait, ses joues décharnées avaient la pâleur de la mort, ses yeux avaient perdu tout éclat : cependant, la vie de son âme était ardente et agitée. Il avait la funeste maladie qui tue les hommes : il était possédé par la fatale et incurable passion de l'idéal.

*
* *

Dans la brume d'une allée, où s'élevait une nuée opaline et irisée, par un matin d'hiver, il *la* rencontra pour la première fois. C'était une figure mince, sans contours précis, faite d'air, ondoyante ; ce fut un éclair rapide, un miroitement, une lueur, un court moment de lumière. Il courut, anxieux, ranimé ; il ne retrouva rien : la forme exquise avait disparu. Mais il fut pris du désir ardent de revoir le fantôme charmant et il l'évoqua de nouveau, avec toute la puissance de sa volonté. C'était toujours une ombre vaine, lointaine. Quelque chose de blanc et de clair qui flottait, qui ne touchait pas le sol, qui se fondait dans des lignes indécises. Ce rêve, cette chimère, cette apparition était son unique amour : il allait à l'endroit où l'idéale figure lui était apparue, il s'agenouillait et baisait la terre, adorant ainsi l'image fuyante. Chaque jour, la divine créature lui semblait moins lointaine, plus distincte, plus claire. C'était un être céleste, une blanche jeune fille, dont les formes presque enfantines étaient dissimulées sous une robe argentée. Elle se montrait et son visage lumineux lui souriait ; elle agitait la tête, en le saluant. Puis, elle se mettait à marcher et il la suivait, les yeux attentifs, avançant machinalement, concentré dans son ravissement ; elle rasait à peine la terre, abandonnait les sentiers fréquentés, glissait au milieu des arbres, paraissait et disparaissait, se retournant pour sourire, laissant la blanche traîne de sa robe frôler l'herbe, avec un bruissement exquis. Il n'osait pas lui parler et il tremblait, la voix étranglée dans la gorge ; mais il était heureux de contempler ainsi son amour qui fuyait, de le contempler avec des yeux brûlants, dans lesquels brillait la flamme de la folie. Elle circulait dans le bois, s'arrêtant parfois une minute, se penchant pour respirer une fleur, sans la cueillir, ne laissant aucune trace sur l'herbe humide; à peine la rejoignait-il, qu'elle reprenait sa course. Et lui, sans éprouver aucune fatigue, ne s'apercevait pas que ses jambes devenaient lourdes comme du plomb ; et lui, soutenu par une indomptable énergie, excité, exalté, allait, allait toujours, poussé par une vibration aiguë de ses nerfs. A mesure qu'elle s'approchait du château, la céleste vision cessait de sourire et une vague mélancolie se répandait sur son joli visage ; puis, au moment d'entrer sous la grande voûte, elle se retournait pour la dernière fois, saluait, agitait la main et disparaissait. Il n'osait pas lui crier : reste, reste ! et il tombait sur un banc, épuisé, abattu, mort.

*
* *

— Pourquoi ne t'assoies-tu pas à côté

de moi, ô mon doux amour ? Pourquoi ne t'approches-tu pas ? Ne crains rien, je ne frôlerai pas ta belle robe. Tu sais que je t'aime, je sais que tu m'aimes, je sais aussi que nous ne devons pas être trop près l'un de l'autre. Et cependant, tu peux me parler : ainsi le veut le Destin. Mais moi, je t'aime — tu es mon cœur. Mon âme est faite de toi ; tu es mienne et je suis tien ; si tu meurs, je meurs et si je meurs, tu mourras aussi... Comme tu es blanche, ô divine jeune fille ! Tes yeux sont transparents et clairs, mais ils ne me regardent pas ; tes joues ont à peine une transparence rosée, tes lèvres sont exsangues, tes mains sont pâles comme de l'ivoire et ton manteau ressemble à un flocon de neige. As-tu froid, mon cœur ? Ne sais-tu pas que j'ai la fièvre, que mon sang bout dans mes veines comme un torrent impétueux. Tu souris, ma belle ? Oui, calme-moi ainsi... Cette ardeur qui m'enflamme, cet incendie qui me dévore, ne peuvent être calmés que par la caresse de tes mains glacées, que par le baiser de tes lèvres froides.

Non! Ne t'éloigne pas: reste, reste, par pitié pour celui qui t'adore! Je ne te demanderai plus rien, innocente créature. Tu lis en moi, tu vois que je suis pur, que mon cœur est immaculé comme ta robe, et qu'aucun désir de chair ne vient l'effleurer. Ne fuis pas, ne détourne pas ton céleste visage; quand tu m'abandonnes, la vie se retire de moi: tout devient sombre, tout devient muet; et je pleure sur mon rêve envolé, sur mon cœur brisé... D'où viens-tu? où vas-tu quand tu me laisses? Et pourquoi me laisses-tu? Je t'aime, ne me quitte pas...

*
* *

La jeune fille ne parlait pas pendant les entretiens d'amour. Elle écoutait, immobile, blanche, toujours prête à partir; de temps en temps, un indéfinissable sourire lui effleurait la bouche ou une grande mélancolie lui assombrissait le visage; mais ce sourire et cette mélancolie ne faisaient pas bouger les traits de sa figure, il n'y avait ni froncement de sourcils, ni tension des lèvres : c'était une expression passagère, une lueur intérieure, comme si une lampe mystérieuse se fût allumée derrière un voile.

Elle ne disait rien, mais chaque jour elle restait plus longtemps avec celui qui l'aimait.

Il lui parlait longuement, puis saisi par une brusque lassitude, sa voix baissait peu à peu, et enfin il se taisait. Il la contemplait, extasié; parfois, elle faisait le geste de s'en aller.

— Ne pars pas! ne pars pas! suppliait-il.

Alors, elle restait debout devant lui, ses petits pieds blancs comme des ailes de colombes à peine posés sur le sol, les cheveux joliment ornés de roses argentées, avec un pan de sa robe relevé par une guirlande de fleurs candides.

— Viens près de moi! viens...

Elle ne s'asseyait pas, immobile, regardant devant elle avec ses grands yeux sans expression.

— Parle-moi, parle-moi... murmurait-il.

Elle n'avait pas de voix et ne remuait pas les lèvres. En vain, il la priait, la conjurait, s'agenouillait — elle ne répondait pas, inflexible et sereine.

Mais, par un crépuscule d'automne, il sut trouver des phrases plus éloquentes pour exprimer son propre désespoir : il frappa la terre de son front, il versa des larmes cuisantes, il adora la jeune fille..... Elle semblait se transformer et derrière la blancheur de la peau, le sang avait l'air de courir. Lui, fou d'amour, lui offrit sa vie pour un mot.

— M'aimes-tu ?

— Oui, sembla-t-elle soupirer.

Alors, dans un éclair de passion, il l'étreignit. Un horrible craquement se fit entendre et la divine créature tomba sur le sol, brisée en mille morceaux de porcelaine blanche.

*
* *

Dans la nuit profonde, tandis que les gardiens dormaient, un murmure s'éleva dans la Salle des Porcelaines au Palais de Capodimonte, un chuchotement, une agitation... Des frémissements couraient d'une vitrine à l'autre, à travers les vitres, des voix étouffées et indignées se disputaient, de fières résolutions s'élaboraient, des projets de vengeance se heurtaient les uns contre les autres. Peu à peu, le calme se rétablit : tout était décidé. Le défilé commença. D'abord, ce fut la blanche Aurore, debout sur son char traîné par quatre chevaux couleur de lys ; elle descendit dans le parc où le misérable gisait sans connaissance, à côté de son idole brisée, et elle le maudit pour toujours ; elle fut suivie par les vingt-quatre jeunes filles qui sont les Heures, dont les doigts candides effeuillèrent des roses empoisonnées sur l'homme évanoui ; ensuite vinrent les Amours, qui plantèrent dans son cœur des flèches aiguës et douloureuses. Le groupe passa. Enfin, parurent les sept rois de France, sur des chevaux immaculés, Charlemagne, saint Louis, François Ier, Henri II, Henri IV, Louis XIII, Louis XIV, galopant dans les avenues : ils touchèrent de leur sceptre et de leur épée le front du malheureux, et chaque coup retentit péniblement dans sa tête. Puis, chaque statuette s'en alla, lui cracha au visage, l'insulta, le piétina : pour lui, chaque coupe fut pleine de ciguë, chaque urne de cendres, chaque vase de plantes malfaisantes et cruelles. Alors, le grand groupe des Titans qui veulent escalader l'Olympe, se mit en mouvement. Jupiter, assis sur son aigle, foudroya le moribond et les Titans l'ensevelirent sous un tas de pierres. Puis chacun reprit son chemin, les statuettes rentrèrent dans leurs vitrines et y restèrent immobiles. Telle fut la vengeance de la froide et blanche porcelaine sur celui qui avait brisé l'immortelle jeune fille...

*
* *

Et ceci est l'histoire éternelle et fatale. L'idéal une fois atteint, se casse en mille pièces — l'art se venge sur la vie — et l'âme meurt et gît sous un immense sépulcre blanc et froid.

XV

La Légende de l'Avenir.

Te voilà, belle et hardie lectrice, arrivée à la fin de mes histoires fantastiques, et tu souris — tandis que moi, pauvre auteur, je cherche à m'expliquer ce que signifie l'éclair sombre de tes yeux et l'expression ironique de tes lèvres, pourprées comme la fleur du grenadier. Et je comprends presque, impénétrable sphynx au pur visage marmoréen, la signification de ton rire muet et intelligent. Ces histoires fantastiques dans lesquelles se reflète une si grande partie de la vie napolitaine, ces histoires-là ne t'ont pas épouvantée; et si ton imagination a suivi les fantômes insaisissables, le petit lutin ou le génie familier, tu n'en as pas eu peur. Ces histoires-là sont vieilles, quelques-unes sont très anciennes et appartiennent au lointain passé qui ne revient pas ; elles ont vécu et sont mortes; elles ont été des drames humains et sont devenues de vaines paroles, des traditions obscures. Il reste d'elles quelquefois un tableau, une statue, une église, une tombe, un bois; quelquefois un simple souvenir; quelquefois un simple nom : mais c'est quand même le passé. Et toi, orgueilleuse lectrice, tu souris au présent, tu souris à l'avenir, tu marches vers la lumière et la joie — mais tu ne veux pas jeter un regard en arrière. Tu consens à lire ces légendes du passé, mais les sirènes, les cavaliers, les dames, les moines, les gras bourgeois, les pâles poètes n'éveillent en toi qu'un sourire de pitié; ils sont morts, tandis que Naples, sa mer glauque et ses riantes collines fleuries sont vivantes — éternellement vivantes, comme l'amour, la beauté et la jeunesse... Je le sais. Mais je veux te punir du sarcastique ricanement avec lequel tu te moques des chères ombres, des spectres charmants ou des larves terrifiantes qui reposent dans la tradition et dans l'imagination populaire ; je veux te châtier, lectrice méchante; je veux, en te contant la flamboyante légende de l'avenir, éteindre ton sourire mordant, faire pâlir tes joues, faire frissonner ta chair de marbre — et faire palpiter de peur ton âme légère.

*
* *

Aujourd'hui la ville est belle, parce que Dieu le veut, car les hommes se soucient assez peu de sa parure ; elle s'orne de fleurs, mais elle est pauvre ; elle sourit, mais sa tunique de pourpre est déchirée et couvre à peine ses belles épaules ; elle est gaie, mais ses rues sont sales et pleines d'ordures ; elle danse et chante sur ses plages parfumées, mais les navires aux flancs arrondis, chargés de marchandises précieuses, ne viennent pas encore dans ses ports ; elle voit ses collines se couvrir de villas, mais la fumée grise des vastes ateliers ne monte pas encore au ciel, pareil à un encens sacré. Qu'importe ! Ce jour béni viendra et alors la cité sera sanctifiée. Pense donc, ô chère âme poétique, à l'heureuse union de l'art et de la nature, pense à la céleste harmonie de l'homme et de son œuvre, pense à la ville qui sera belle et bonne, toute blanche sous le soleil, sans une tache, sans un haillon ; alors, alors... O lointain avenir, ô jour splendide qui, comme celui de Faust, méritera d'être arrêté au passage...

Mais la divine cité que nous aimons, doit disparaître; nous la croyons immortelle et elle est vouée à la mort; nous la croyons éternelle et sa vie est ténue comme celle d'un enfant. Elle doit mourir, elle mourra... il faudra dire au voyageur pensif et mélancolique : là fut Naples ! Nous pouvons tout lui donner : le travail qui l'anoblit, le commerce qui l'enrichit, l'eau qui la désaltère, le soleil qui assainit ses rues — mais nous ne pouvons pas retarder sa fin dernière. Elle sera une nymphe souriante, rosée, azurée, blonde de soleil, pleine de jeunesse, frémissante de vie, mais elle ne vivra pas longtemps. La légende prophétique le dit — légende qui est répétée de bouche en bouche, qui circule dans les rues, qui entre dans les boutiques, qui monte jusque dans les salons de la noblesse. Vois-tu cette colline au pied de laquelle s'étendent ces beaux villages baignés par la mer, dont les flancs sont couverts de pampres et de vignes bienfaisantes ; vois-tu cette colline, striée de funèbres raies noires ? C'est elle qui fera mourir Naples : du moins, c'est ce que dit la légende prophétique. Le feu liquide brûle, bout et écume dans les entrailles de cette montagne et s'y accumule pour le jour funeste ; au dehors, une petite nuée de fumée blanche montre à peine le profond travail souterrain. Les biges et les quadriges couraient dans les rues de Pompéi ; les beaux garçons aux tuniques blanches et les douces jeunes filles aux tuniques candides aimaient la clarté rose du soleil ; les séduisantes hétaïres se vêtaient de byssus et se parfumaient de nard ; les jeunes gens et les vieillards allaient au Forum, aux Thermes, aux théâtres ; des couronnes de roses odorantes étaient suspendues sur les portes des maisons ; et cependant la montagne voulut que Pompéi-la-Jolie soit détruite — et quand la montagne le voudra, Naples mourra aussi... Et cette colline, que nous regardons avec admiration, presque avec affection, car elle a une si grande part dans la beauté du paysage napolitain, cette colline sera notre bourreau.

Et personne ne saura ni l'heure, ni le jour. Dans la cité, le monde bruyant se rendra à ses occupations habituelles, courra où le plaisir l'appelle, ira où la douleur le réclame, aimera, haïra, jouira, pleurera — vivra, en somme, comme si rien n'était. Dans le ciel serein, les étoiles brilleront ; dans l'air léger, s'élèvera le même panache de fumée. Puis, sur le cratère paraîtra un point rouge, comme une torche allumée là-haut, comme un charbon ardent ; les Napolitains hausseront les épaules et murmureront :

— C'est toujours la même chose !

L'éruption grandira avec beaucoup de lenteur ; les hommes de science d'alors en constateront les phénomènes et en annonceront la fin prochaine ; mais l'éruption croîtra toujours, continuellement. Un roulement souterrain commencera à faire trembler les vitres des maisons ; trois fleuves de lave brûlante couleront le long de la montagne ; le ciel sombre se teindra de pourpre, le fond de la mer sera rouge et les étrangers arriveront pour contempler l'admirable spectacle, tandis que les Napolitains se presseront sur le Môle, à Santa-Lucia, à Mergellina, sur les terrasses, sur les collines, partout. Mais les habitants des villages qui se trouvent sous la colline, se mettront à fuir et viendront dans la ville, où ils seront accueillis à bras ouverts — et la lave continuera toujours. De nouvelles bouches s'ouvriront et le torrent enflammé arrivera à Résina...

Mais les Napolitains ne craignent rien : le Vésuve est leur ami, il veut s'amuser, c'est un vieux grogneur, mais il se tait vite. Puis, il y a saint Janvier, dont le doigt, levé d'un air impérieux, ordonne à la lave de ne pas avancer ; et le cardinal-évêque de Naples fait promener dans les rues la statue en argent du saint et son précieux sang, qui est conservé dans une ampoule de verre. On prie dans les humbles églises. Cependant un matin, le soleil ne se montre pas, un épais nuage gris cache le ciel et il tombe de la cendre ; les Napolitains sourient encore et vont à leurs affaires, sous cette étrange pluie. Mais le lendemain, le grondement devient tumultueux, les secousses du tremblement de terre se succèdent à des intervalles réguliers, d'horribles convulsions secouent la montagne, dont les flancs sont couverts de bouches de feu : les coulées de lave s'unissent, se mêlent, se fondent, deviennent un fleuve unique qui roule vers Naples ses vagues solidifiées et ardentes : une étouffante puanteur soufrée empoisonne l'air, il pleut des cendres chaudes et lourdes, il pleut de l'eau bouillante, il pleut des petites pierres, il pleut la mort sur la ville. Dans les clameurs désespérées des agonisants, dans le fracas des maisons qui s'écroulent, dans l'horreur du tremblement de terre, dans l'affreuse tempête qui agite la mer, dans les éclairs sanglants qui couvrent le ciel, dans le bouleversement de toute la nature, la lave triomphante et victorieuse entre à Naples — et Naples achève de mourir dans un incendie colossal.

. . . .

Quoi ? tu souris encore, orgueilleuse créature. Je te comprends, car je lis en toi comme dans un livre ouvert. Tu penses ce que je pense ; tu souris de cette mort : cette Naples qui fut créée par l'amour, qui vécut dans l'adoration des couleurs éclatantes, de la musique ardente, des lourds parfums et des nuits d'ivresse, qui aime la violente volupté de la nature et la douceur des baisers, cette ville passionnée saura bien mourir, saura mourir dignement, dans l'apothéose flamboyante d'un océan de feu.

LA RÉALITÉ

I

Où ils habitent.

Vous ne connaissez certainement pas la vraie Naples. Vous avez tort, car le touriste sincère doit tout visiter. Laissez de côté les descriptions littéraires qui parlent de la Via Caracciolo, de la mer glauque, du ciel de cobalt, des jolies femmes et des vapeurs violettes du soleil couchant ; toute cette rhétorique à base de golfe bleu et de collines fleuries, toutes ces phrases faciles et banales sont faites pour les voyageurs qui ne veulent pas être ennuyés par la vue de la misère. Mais vous, touriste sincère et intelligent, vous ne devez pas ignorer cette partie de la ville, vous devez connaître la vraie Naples.

*
* *

Peut-être, vous a-t-on fait parcourir une, deux, trois rues des bas quartiers, et en avez-vous eu horreur ? Mais vous n'avez pas tout vu : les Napolitains qui vous conduisaient, ne connaissent pas eux-mêmes *tous* les bas quartiers. Avez-vous seulement suivi la via dei Mercanti ?

Elle est large d'environ quatre mètres, si bien que les voitures n'y peuvent passer : elle est sinueuse et se tord comme un boyau : les maisons, très élevées, la plongent, pendant les plus belles journées, dans une lumière livide et morte; au milieu de la rue, un ruisseau noir et fétide, est immobile, comme embourbé, formé d'eau de savon et de lessive, d'eau de la soupe ou du macaroni, — un mélange puant qui soulève le cœur. Dans cette via dei Mercanti, qui est une des principales artères du quartier du Port, il y a de tout: des boutiques obscures où s'agitent des ombres qui vendent toutes les marchandises possibles, des agences de prêts sur gages, des banques de *lotto*; et, de temps en temps, une entrée noire, un passage boueux, l'échoppe d'un marchand de friture d'où sort l'odeur infecte de l'huile rance, ou le comptoir d'un charcutier d'où s'échappe des exhalaisons de fromages pourris et de lard corrompu.

De cette rue, partent une quantité d'autres ruelles encore plus étroites, mais également sales et obscures, et chacune d'elles que d'une manière différente : le vieux cuir, le plomb fondu, l'acide nitrique ou l'acide sulfurique.

Diverses autres rues descendent au quartier du Port : elles sont roides, petites, mal pavées. La via Mezzocannone est toute peuplée de teinturiers : au fond de chaque boutique brune, brûle un feu vif sous une grosse chaudière, dans laquelle des hommes demi-nus agitent un mélange fumant ; sur le pas de la porte sèchent des chiffons rouges ou violets ; sur les pavés disjoints, coule toujours un liquide gluant et multicolore. Une autre rue, nommée les *Gradelle di Santa Barbara* (1) a aussi son originalité : de chaque côté habitent de misérables créatures qui, par oisiveté pendant le jour ou par sombre haine de l'homme, jettent par la fenêtre, sur les passants, des écorces de figues et d'oranges, des trognons de pommes, des épis de maïs, et toutes ces immondices restent sur les gradins, si bien que personne n'ose plus passer par là. Il y a encore une autre rue qui conduit à Portanova, où finit la via dei Mercanti et où commence celle dei Lanzieri : vraiment ce n'est pas une rue, c'est un passage, une impasse, une espèce de canal noir, qui se glisse sous deux arches et où semblent être réunies toutes les ordures d'un village africain. Là, à un certain endroit, on ne peut plus avancer : le sol est glissant et le cœur manque...

(1) Gradins de Sainte-Barbara.

*
*

Et avez-vous été dans le quartier Vicaria? Parmi toutes les rues qui le sillonnent, une seule est propre, la rue du Dôme; toutes les autres sont pareilles à celles de la vieille Naples, étroites, étouffées, assombries, bordées de maisons étayées, qui tombent de vieillesse. Il y a un Vicolo del Sole (1), ainsi appelé parce que le soleil n'y pénètre jamais; il y a un Vicolo del Settimo Cielo (2), ainsi nommé à cause de l'éloignement d'une bande de ciel, qui paraît entre les hautes et vieilles demeures. Autour de la petite place des S. S. Apostoli, rayonnent trois ou quatre ruelles : Grotta della Marra, Santa Maria a Vertecœli, Vicolo della Campana, où végète une population maigre et pâle, empestée par la fabrique de tabac qui est proche, empestée par sa propre saleté; et les alentours de Castelcapuano semblent

(1) Ruelle du Soleil.
(2) Ruelle du septième Ciel.

vraiment le centre de toute cette pourriture matérielle et morale, sur laquelle se dresse le symbole de cette population misérable et nécessairement corrompue : la prison.

Et le quartier Mercato ? Ah oui ! ce quartier historique où Masaniello a fait la révolution, où l'on a coupé la tête à Corradino de Suède ; oui, oui, les dramaturges et les poètes en ont parlé. Mais au diable la poésie et le drame ! Aucune rue n'est propre ; on dirait que le balayeur n'y est jamais passé depuis des années, et c'est peut-être la saleté d'un seul jour !

Là se trouve le Lavinaio (1), la grande source dans laquelle se lavent tous les haillons de la vieille et pauvre Naples ; le Lavinaio, le large ruisseau où la malpropreté vient se nettoyer superficiellement. Dans le quartier Mercato, il y a une quantité de petites ruelles, mais, étant une femme, je ne puis vous dire ce que sont ces passages immondes, car, ici, l'abjection devient si profonde, si basse, si misérable, la nature

(1) La Sentine.

humaine se dégrade tellement, que la rougeur de la honte me monte au visage.

*
* *

Vous ne connaissez sûrement pas, touriste de passage, ces maisons rongées par l'humidité, dont le rez-de-chaussée plonge dans la boue, et où, au dernier étage, on brûle l'été et on gèle l'hiver ; où les escaliers sont des réceptacles d'ordures ; où tous les détritus humains et tous les animaux morts sont jetés dans les puits intérieurs ; où la *vinella*, cette minuscule cour centrale, sert de dépotoir à toutes les immondices ; où le système de latrines, quand il y en a, résiste à n'importe quelle désinfection.

Vous ne connaissez pas ces maisons délabrées, dont chaque pièce abrite au moins quatre personnes, des poules et des pigeons, des chats efflanqués et des chiens galeux ; ces maisons branlantes où on fait la cuisine dans une armoire, où on mange, on dort, on meurt dans la chambre à coucher; des maisons en ruines dont la cage inférieure de l'escalier est habitée par des humains, au-dessous du niveau du sol.

Vous ne connaissez pas ces galeries qui relient les maisons les unes aux autres; ni ces ignobles constructions de bois qui sont suspendues parfois aux murs de ces demeures, ni ces entrées étroites, ni ces ruelles étranglées, ni ces impasses, ces culs-de-sac, ces passages, ces *fondaci* sans jour ni air.

Vous ne connaissez pas ces maisons où il y a au premier étage une agence de prêts sur gages, au second des chambres meublées pour étudiants pauvres, au troisième une fabrique de feux d'artifice; dans d'autres, il y a au rez-de-chaussée un billard, au premier un hôtel où l'on paie trois sous par nuit, au second un refuge pour les enfants abandonnés, au troisième un dépôt de chiffons. Oui ! touriste qui passez rapidement, vous ne connaissez pas toute cette misère, parfois pittoresque, parfois lamentable, et pourtant, croyez-moi, la vraie Naples vaut la peine d'être vue.....

II

Ce qu'ils gagnent.

Et cependant la population qui habite dans ces bas quartiers, sans air, sans lumière, sans hygiène, barbottant dans les ruisseaux, enjambant les monceaux d'ordures, respirant des miasmes, mangeant une nourriture insuffisante, cette population n'est pas brutale, méchante ou oisive ; son âme n'est pas aigrie, son vice n'est pas morbide et sa misère n'est pas triste. Ces gens, par leur naturelle bonne humeur, aiment les blanches demeures et les collines verdoyantes : aussi vont-ils tous le jour de la Toussaint porter des fleurs sur la tombe des morts, sur les hauteurs de Poggioreale, dans ce cimetière plein de fleurs, d'oiseaux, de parfums et de beaux monuments de marbre, dans ce délicieux *campo-santo*, où j'ai entendu gaiement s'écrier des Napolitains :

— O Gesù, vurria muri, pe sta ccà (1) !

Cette population aime les couleurs claires ; elle orne de houppes, de bouffettes et de cocardes les chevaux des charrettes et leur met des panaches multicolores les jours de fête ; elle porte des mouchoirs écarlates autour du cou, elle place une tomate sur un sac de farine pour produire un contraste amusant et elle a créé un petit monument de cuivre étincelant, de bois peint, de guirlandes de citrons, de verres et de bouteilles, monument barbare qui est une joie pour les yeux : c'est le comptoir du marchand d'eau.

Cette population, qui adore la musique, dont le chant si amoureusement mélancolique fait frissonner, a une sentimentalité expansive qui se fond dans l'harmonie musicale.

(1) Jésus ! Je voudrais mourir pour être ci !

Ce ne sont donc pas des brutes qui se plaisent dans la boue ; ce ne sont donc pas des êtres inférieurs qui aiment la laideur et la saleté. Cette population ne mérite pas le sort qui lui est réservé : elle saurait apprécier la civilisation, car elle s'est vite assimilée le peu qu'elle a pu en connaître — elle serait digne d'être heureuse.

*
* *

Elle habite par force ces bouges. La faute en est à sa misère, à cette misère constitutionnelle, organique, si intense et si profonde, que cent œuvres de bienfaisance n'arrivent pas à la vaincre, que la charité privée n'arrive pas à dominer ; ce n'est pas la misère de la paresse, faites-y bien attention, c'est la misère du travailleur, la misère de l'ouvrier, la misère de celui qui peine quatorze heures par jour.

Ce travailleur, cet ouvrier ne peut payer un loyer qui dépasse quinze francs par mois ; et encore il faut qu'il soit un ouvrier heureux, car il y en a qui paient dix francs, sept francs et même *cinq* francs : ces derniers forment la majorité de la population. Il y a quelques années, une Compagnie coopérative construisit du côté de Capodimonte, un phalanstère de maisons ouvrières, claires, propres et hygiéniques ; malgré ses efforts, elle ne put donner ses logements à moins de trente-quatre francs par mois.

Aucun ouvrier n'y alla.

Il s'y logea des employés avec leur famille, quelques retraités, des ménages pauvres, enfin cette demi-bourgeoisie qui veut cacher sa pauvreté et avoir un escalier de marbre.

Et cet immense édifice, en partie vide, est la preuve de la misère napolitaine ; et même, les bourgeois qui y habitent, piqués dans leur amour-propre par ceux qui les accusent de loger dans des maisons ouvrières, ont fait peindre en gros caractères, sur l'entrée, cette inscription : *les maisons de la Coopérative ne sont pas des maisons ouvrières.*

Trente-quatre francs ? Un ouvrier napolitain les gagne en un mois, ces trente-quatre francs : celui qui rapporte un franc par jour dans son ménage peut s'estimer heureux.

Les salaires sont très bas, dans presque toutes les professions, dans presque tous les métiers. Naples est le pays où la main-d'œuvre typographique coûte le moins ; tout le monde le sait : les « typos » sont payés un tiers de moins qu'ailleurs. Ceux qui gagnent cinq francs à Milan et quatre à Rome, en ont deux à Naples, aussi c'est dans ce pays à la fois malheureux et béni que naissent et vivent des petites feuilles de chou, qui ailleurs n'auraient pas trois numéros. Les tailleurs, les cordonniers, les maçons, les menuisiers ont des journées misérables : un franc, vingt-cinq sous, trente sous au plus pour douze heures de travail, quelquefois très pénible. Les coupeurs de gants ont quatre-vingt-dix centimes par jour. Et notez que la jeunesse élégante de Naples est la mieux habillée de toute l'Italie ; et notez qu'à Naples, on fait les plus beaux souliers et les meubles les plus économiques ; et notez que Naples produit les gants les plus renommés. D'autres métiers inférieurs établissent les salaires à soixante-quinze centimes, à douze sous, à dix sous. C'est pour cela que l'ouvrier ne peut payer plus de cinq, sept ou dix francs de loyer par mois — et comme la misère frappe à la porte, la femme, la mère, la sœur, toutes celles qui ont déjà souvent accouché, qui ont allaité, toutes celles qui devraient rester à la maison, cherchent de l'ouvrage dehors. Heureuses celles qui sont employées à la Fabrique de Tabac, qui savent travailler et arrivent à se placer comme couturières, modistes ou fleuristes ! Les salaires sont modestes, quinze, dix-sept ou vingt francs par mois : cependant, c'est la fortune pour elles. Mais leur nombre est restreint ; tout le reste de la classe pauvre féminine se fait domestique.

La servante napolitaine se place pour dix francs par mois, sans le dîner : le matin, elle fait deux ou trois kilomètres de chemin, de sa demeure à celle de ses maîtres ; elle descend les escaliers quarante fois par jour, tire vingt seaux d'eau du puits, se livre aux travaux les plus fatigants, ne mange pas de toute la journée et le soir se traîne chez elle, comme une ombre douloureuse. Il y en a qui prennent deux « demi-ménages » à six francs chaque, et courent continuellement d'une maison à l'autre, sans cesse grondées à cause des retards. J'en ai connu une qui s'appelait Annarella, elle faisait trois ménages par jour, à cinq francs chaque; le soir, elle était abrutie. *Elle ne mangeait pas*, tant elle était fatiguée, et souvent elle ne se déshabillait pas, prise par le sommeil.

Ces malheureuses trouvent aussi le temps d'allaiter un enfant et de tricoter des bas; mais elles sont monstrueuses et elles inspirent de la pitié, de la répugnance. Elles ont trente ans et en paraissent cinquante; elles sont voûtées et courbées, elles n'ont plus de cheveux, leurs dents sont jaunes et noires, elles marchent comme des boiteuses, elles portent une robe quatre ans et un tablier six mois.

Elles ne se plaignent pas, elles ne pleurent pas ; elles vont mourir, à l'hôpital, avant quarante ans, du typhus, d'une pneumonie ou de quelque horrible maladie.

Et tous les autres métiers féminins : blanchisseuses, coiffeuses, repasseuses à la journée, vendeuses au panier, rempailleuses de chaises (mpaglia seggie), métiers qui les exposent à toutes les intempéries, à tous les accidents, à une quantité de maladies, — des métiers pénibles ou dégoûtants, qui ne rapportent à ces misérables que dix ou quinze sous par jour. Quand elles gagnent un franc, les malheureuses, elles font des économies et se marient.

Elles sont laides, c'est vrai ; elles se négligent, c'est vrai; elles sont sales, c'est vrai. Mais les personnes qui aiment tant la plastique, devraient entrer dans le secret de ces existences, qui sont un poème de martyre quotidien, de sacrifices incalculables, de fatigues supportées sans murmure. Jeunesse, beauté, toilette ? Elles ont eu une minute de jeunesse et de beauté, elles ont été aimées, elles se sont mariées ; après, le mari et la misère, le travail et les coups, la souffrance et la faim. Elles ont des enfants et sont obligées de les abandonner, confiant le plus petit à la sœur aînée, et, comme toutes les mères, elles ont peur des voitures, du feu, des chiens, des chutes. Elles sont toujours inquiètes, agitées, tandis qu'elles font leur service.

Je me souviens d'une de ces servantes : elle avait trois enfants, dont un tout petit, très joli. Il avait déjà deux ans et elle l'allaitait encore, n'ayant pas de quoi lui donner autre chose à manger. Ce gamin l'attendait tous les soirs, assis devant la porte du « *basso* » (1) où elle logeait. Le médecin de l'Assistance-publique avait beau lui répéter :

— Sèvre ton enfant ou il lui arrivera malheur.

Elle baissait la tête sans répondre, ne pouvant obéir au docteur. Un jour, le petit attrapa le typhus et mourut. Elle se lamentait tout bas, dans la cuisine de ses maîtres, en épluchant des pommes de terre :

(1) Un *basso* est un taudis au rez-de-chaussée, sur la rue, dans les faubourgs où habitent les pauvres gens.

— *Figlio mio, figlio mio, io aveva da accidere, io l'aveva da fa mùri! O che mamma cana che sso' stata! Figlio mio, e chi m'anpella cchiù, la sera, mocc' a porta?* (Mon fils, mon fils, est-ce moi qui devais te tuer, qui devais te faire mourir! O quelle chienne de mère j'ai été! Mon fils, qui m'attendra maintenant, le soir, devant ma porte?)

Le travail des enfants? Hélas! Les mères sont trop heureuses quand un cocher de maître veut bien accepter comme garçon d'écurie un enfant de douze ans en s'engageant à le nourrir; elles sont trop heureuses quand un boutiquier prend leurs fils, les fait travailler comme des chiens et leur donne seulement la soupe le soir, et les pauvres femmes octroient un sou au gamin, pour déjeuner le matin.

Les couturières, les modistes, les fleuristes, les corsetières ont comme apprenties des fillettes de douze ans qui sont, en réalité, de petites servantes et qui gagnent cinq sous par semaine. Mais, le plus souvent, ces pauvres créatures restent à la maison ou dans la rue, toute la journée.

A la campagne, l'enfant est une joie, une aide, une commodité ; à Naples, il représente une charge de plus, une fatigue maternelle, une source de larmes.

Écoutez un peu quand une ouvrière napolitaine parle de ses enfants. Elle dit : *les créatures*... et elle prononce ce mot avec tant de douceur mélancolique, avec tant de pitié maternelle, avec une passion si douloureuse, que vous comprenez aussitôt l'intensité de la misère napolitaine.

III

Ce qu'ils mangent.

Un jour, un industriel napolitain eut une idée. Sachant que la *pizza* (1) est une des adorations culinaires de Naples, sachant que la colonie napolitaine à Rome est nombreuse, il voulut ouvrir une *pizzeria* dans la Ville Éternelle. Le cuivre des casseroles et des moules y luisaient, le four y chauffait sans cesse, tous les genres de *pizze* s'y trouvaient — *pizza* aux tomates, *pizza* au fromage, *pizza* aux anchois et à l'huile, *pizza* à l'ail et à l'origan. D'abord la foule y accourut, puis se fit plus rare. La *pizza*, enlevée à son milieu napolitain, détonnait

(1) *Pizza*, espèce de galette à l'huile.

et représentait une indigestion : son astre pâlit, se coucha et disparut. Cette plante exotique ne pouvait vivre dans la solennité romaine.

*
* *

La *pizza* rentre dans la large catégorie des comestibles qui coûtent un sou et composent le déjeuner ou le dîner de la plus grande partie de la population napolitaine.

Le *pizzaiuolo* qui a une boutique, fait pendant la nuit un grand nombre de ces galettes rondes et plates, d'une pâte épaisse, qui se brûle mais ne se cuit pas, et sont couvertes d'une couche de tomates crues, d'ail, de poivre et d'origan : ces *pizze* coupées en autant de tranches à un sou, sont confiées à un garçon qui va les vendre à l'angle de quelque rue, sur un banc de bois et qui reste là, presque toute la journée, avec les tranches de *pizza* qui se durcissent au froid, qui se jaunissent au soleil, qui sont mangées par les mouches. Il y a aussi des morceaux de deux centimes pour les enfants qui vont à l'école; quand la provision est finie, le *pizzaiuolo* la renouvelle sans cesse, jusqu'à la nuit.

Il y a aussi, le soir, des garçons qui portent sur la tête un grand plateau d'étain sur lequel sont disposés les morceaux de *pizza*, et ils vont dans les ruelles, poussant un cri spécial, annonçant qu'ils ont de la *pizza* aux tomates ou à l'ail, au fromage ou aux anchois salés. Les pauvres femmes assises devant la porte de leur *basso*, en achètent et soupent — ou dînent — avec cette *pizza* d'un sou.

Avec un sou, le choix est assez varié pour le dîner du peuple napolitain. Chez le marchand de friture, on a un cornet de papier de petits poissons qui s'appellent *fragaglia* et qui sont le fond du panier des vendeurs de marée; chez le même marchand de friture on a pour un sou, quatre ou cinq *panzarotti*, c'est-à-dire des beignets dans lesquels se trouve un morceau d'artichaut et quand on est las des artichauts, il y en a avec un trognon de chou-fleur ou un anchois. Pour un sou, une vieille femme donne neuf châtaignes bouillies, dont l'écorce est enlevée et nagent dans une sauce rougeâtre : dans ce *bouillon*, le peuple napolitain y trempe du pain, et mange ensuite les châtaignes, comme second plat; pour un sou, une autre vieille, qui traîne derrière elle un chaudron sur un petit chariot, donne deux épis de maïs bouilli. On peut aussi, pour un sou, acheter une portion de *scapece* — la *scapece* est faite d'aubergines frites dans l'huile et puis assaisonnées avec du vinaigre, du poivre, de l'origan, du fromage et des tomates ; elle est exposée à la porte des gargottes, dans un seau profond, comme une conserve et on la prend avec une large cuiller. Le peuple napolitain apporte son morceau de pain, le coupe en deux et le marchand verse dessus la *scapece*. Là encore, on trouve à acheter pour un sou, la *spiritosa* — la *spiritosa* est faite de tranches de panais jaunes, cuites dans de l'eau et puis mises dans une sauce vinaigrée, avec du poivre, de l'origan, de l'ail et des piments. Le marchand est sur sa porte et crie :

— *Addorosa, addorosa, à spiritosa!* (Savoureuse, savoureuse, la spiritosa).

Naturellement, toutes ces mangeailles ont un assaisonnement très violent, fait pour contenter le palais méridional le plus émoussé.

*
* *

Dès qu'il a deux sous, le peuple napolitain achète un plat de macaroni cuit et assaisonné ; toutes les rues des quartiers populaires ont une de ces gargottes qui installent en plein air des chaudrons où le macaroni bout toujours ; des poêles où chauffe la sauce de tomates, et, à côté, des montagnes de fromage râpé — un fromage aigre qui vient de Cotrone.

Avant tout, cet appareil est très pittoresque, et beaucoup de peintres l'ont reproduit ; dans la collection de photographies napolitaines qu'achètent les Anglais, à côté du *voleur de mouchoirs* ou de la *famille de pouilleux*, il y a aussi le *marchand de macaroni*. Ce macaroni se vend par portion de deux ou de trois sous; et le peuple napolitain les appelle brièvement, par leur prix :

— *Un doie e un tre* ! (un trois et un deux). La part est petite et l'acheteur se dispute avec le marchand, car il veut un peu plus de sauce, un peu plus de fromage, un peu plus de macaroni.

Avec deux sous, on peut avoir un morceau de poulpe bouilli dans l'eau de mer, assaisonné avec des piments : ce commerce est fait par les femmes, dans la rue, avec un petit fourneau portatif et une marmite; avec deux sous, on a encore une soupe de *maruzze* (1), dans laquelle nage un gros morceau de pain ; pour deux sous, le marchand trempe une grande cuiller dans une énorme poêle où rissolent, confusément mêlés, des morceaux de graisse de porc et de fressure, des oignons et des fragments de sèche ; il retire une portion de ce mélange et le verse sur le pain du client, faisant bien attention à ce que la graisse chaude et brune ne coule pas par

(1) Colimaçons.

terre et imbibe la mie du pain — détail auquel l'acheteur tient beaucoup.

Dès qu'il possède trois sous pour dîner, le bon peuple napolitain est pris de la nostalgie du foyer et ne va plus chez le traiteur acheter des comestibles cuits : il mange chez lui, par terre, sur le seuil de son *basso* ou sur une chaise boiteuse.

Avec quatre sous, on se fait une grande salade de tomates vertes crues et d'oignons ; ou bien, une belle salade de pommes de terre cuites et de betteraves ; ou encore une salade de *broccoli* (1), ou enfin une salade de concombres frais.

Les gens aisés, ceux qui peuvent dépenser huit sous par jour, mangent des grandes platées de soupe « verte », des endives, des feuilles de choux-fleurs, de la chicorée, ou toutes ces herbes mélangées ensemble, et c'est la fameuse *minestra maritata* (soupe mariée); ils mangent encore, quand c'est la saison, une soupe faite avec de la citrouille et beaucoup de poivre ; ils mangent aussi une soupe de haricots verts, assaisonnés

(1) Espèces de choux-fleurs verts.

avec des tomates ; ils mangent, enfin, une soupe de pommes de terre cuites avec des tomates et toutes ces soupes prennent le nom général de *minestra*. Mais, ils achètent surtout un *rotolo* (1) de macaroni, une pâte noirâtre, de toutes les tailles et de toutes les grosseurs, qui est le ramassis, le restant de tous les paquets et tous les tiroirs, et qui se nomme justement *monnuzzaglia* (2) ; ils l'assaisonnent avec des tomates et du fromage.

*
* *

Le peuple napolitain aime les fruits, mais il ne dépense jamais plus d'un sou à la fois ; à Naples, avec un sou, on a six poires un peu véreuses, mais qu'importe ; on a un demi-kilo de figues un peu amollies par le soleil ; on a une douzaine de ces petites prunes jaunes, qui semblent avoir la fièvre ; on a une grappe de raisin noir ; on a un melon jaune, tout petit, légèrement pourri ou abîmé ; on a deux tranches de ces beaux

(1) Kilo.
(2) Petite monnaie.

melons rouges, mais de ceux qui ne sont pas bons et qui ont une teinte blanchâtre.

Le peuple napolitain a encore d'autres gourmandises : le *spassatiempo* (1), c'est-à-dire des semences de melon ou de pastèque, des fèves ou des pois chiches cuits au four ; avec un sou, on grignote une demi-journée, la langue pique et l'estomac se gonfle comme si on avait mangé.

La plus grande gourmandise est le *suffrito* : ce sont des rognures de viande de porc cuites dans de l'huile, avec des tomates, des piments rouges, et l'ensemble forme une espèce de pâte dure, pourpre, d'un très bel aspect, dans laquelle on coupe des tranches : chacune coûte cinq sous. Dans la bouche, on dirait de la dynamite.

*
* *

QUESTIONNAIRE

Viande rôtie ? — Le peuple napolitain n'en mange jamais.

(1) Passe-temps.

Viande braisée ? — Quelquefois, le dimanche ou les jours de grandes fêtes ; mais c'est du porc ou de l'agneau.

Bouillon de viande ? — Le peuple napolitain ne le connaît pas.

Vin ? — Le dimanche, quelquefois : l'*asprino* à quatre sous le litre ou le *maraniello* à cinq sous ; ce dernier teint la nappe de taches bleues.

Eau ? — Toujours et bonne.

IV

Ce qu'ils croient.

Est-ce que ces *altarini* (1) vous étonnent? Est-ce que vous vous scandalisez de ces petites processions de femmes échevelées, pieds nus, qui portent une image de la Vierge en psalmodiant? La superstition du peuple napolitain — ces pauvres gens qui vivent si mal et avec tant de bonhomie, qui meurent si misérablement et avec tant de résignation! — la superstition de ce peuple fait à tout le monde une douloureuse impression. Vous la croyiez

(1) Petits autels que les enfants dressent dans la rue et qui sont généralement composés d'une image sainte, devant laquelle brûlent des cierges, avec une décoration barbare de papier colorié et découpé.

donc finie, cette superstition? Comment pouviez-vous le penser? Ne vous souvenez-vous donc plus de rien? Pendant le choléra de 1865, il y eut des processions et des prières publiques; pendant le choléra de 1867, plus terrible et plus violent, toutes les images de la Vierge et des Saints sortirent des paroisses et, dans la rue, les processions se rencontraient et se mêlaient. Pendant l'épouvantable éruption de 1872, la lave menaça Naples trois jours durant: le peuple se rendit au Dôme pour avoir la tête de saint Janvier, qu'il voulait promener pour arrêter la lave. D'abord, les nobles gardiens des reliques et les chanoines de l'Église ne voulurent pas l'accorder. Mais, le quatrième jour, le soleil ne se montra pas; un léger nuage couvrit Naples et la pluie de cendres commença à tomber, comme à Pompéi, voilant la lumière du jour: les femmes du peuple organisèrent des processions dans tous les quartiers, courant dans les ténèbres, criant, hurlant, gémissant, gesticulant. Pendant le choléra de 1873, qui fut moins fort, on promena solennellement dans les faubourgs, la Madone du Bon-Secours, la Madone de Portosalvo, Jésus à la Colonne et d'autres images vénérées. Ah ! quelle mauvaise mémoire nous avons tous !

Et dans la vie quotidienne ? En regardant tout simplement autour de soi, au observant même superficiellement ce qui se passe, on s'aperçoit que l'exaltation religieuse du peuple napolitain est plus forte que jamais. Au coin de chaque rue, dans les faubourgs, les jours de fête, il y a de ces *altarini*, avec deux bougies allumées. Il est vrai que ce sont les enfants qui les organisent, mais les mères les surveillent et les sœurs aînées demandent une obole au passant pour « les frais du culte ». Pour les plus grandes fêtes, le petit peuple s'y prend un an à l'avance, et ce sont des luttes d'émulation entre une ruelle et l'autre, à qui sera la mieux décorée de lampions multicolores et de festons en papier peint : souvent il advient à ce sujet des rixes et des coups de couteau. Ces illuminations sont pittoresques et charment les artistes. Une autre cérémonie très touchante est celle-ci : quand une femme est sauvée d'une grande maladie, pour remercier Dieu, elle fait vœu d'aller demander l'aumône dans toutes les maisons de son quartier ; elle monte, elle descend, les jambes en coton, le visage défait, recevant des refus secs, voyant toutes les portes se fermer à son nez. Qu'importe, il faut supporter ces vexations, cela fait partie du vœu. Tout ce qu'elle recueille va à l'Église. Quand un enfant est malade, on le voue à saint François et on l'habille avec une grossière tunique de bure serrée par une corde, ses mignons pieds nus sont emprisonnés dans des sandales de cuir et une petite tonsure coupe ses cheveux bouclés. Qui n'a rencontré de ces moines minuscules, dans les quartiers populeux ?

*
* *

Et le miracle de saint Janvier, est-ce qu'il ne vous surprend pas ? Et ces vieux habitants du Môle qui se prétendent les descendants du martyr, qui envahissent le maître-autel, qui ne laissent approcher personne pendant la cérémonie, qui hurlent le *Credo*, tandis qu'on attend le prodige, qui haussent peu à peu le ton jusqu'à crier, qui se démènent comme des possédés, qui traitent le Saint de *vieil abruti*, de *vieux malhonnête*, de *face à gifles* si le miracle tarde à s'accomplir, est-ce qu'ils ne vous étonnent pas, eux aussi ?

Il y a encore le pied de sainte Anne qui se pose sur le ventre des accouchées ; il y a aussi l'huile qui brûle dans la lampe, devant le corps de saint Jacques de la Marca, dans l'église de Sainte-Marie-Novella, qui guérit les maux de tête ; il y a le Christ du Carmine, dont les plaies versent du sang véritable ; il y a le bâton de saint Pierre qui est vénéré dans l'église de Saint-Aspreno, premier évêque de Naples ; il y a l'eau bénite de Saint-Biagio-ai-Librai, qui guérit les maux de gorge ; il y a les *panelle*, petits morceaux de pain bénit par saint Nicolas de Bari, qui, jetées en l'air pendant l'orage, vous préservent de la foudre. Il y a des centaines de fragments d'or, d'étoffes, de vêtements, de bois, qui sont des reliques. Chaque Napolitain porte au cou ou suspendu à la ceinture, ou bien sous son oreiller, un petit sac de reliques et de prières imprimées : ce petit sac s'attache au maillot de l'enfant, à peine né.

Croyez-vous que la Madone du Carmine suffise aux Napolitains ? J'ai compté deux cent cinquante appellations de la Vierge, et ce n'est pas tout. Quatre ou cinq tiennent la tête. Quand une femme napolitaine est malade ou court un grave danger, une personne de sa famille se voue à une de ces Madones : elle met un vêtement neuf, qui a été béni auparavant dans une église, et elle ne doit le quitter que lorqu'il est usé. Pour la Vierge des Douleurs, le vêtement est noir avec des passepoils blancs ; pour la Madone du Carmine, il est de couleur puce avec des filets ou des rubans blancs ; pour l'Immaculée-Conception, il est blanc avec des rubans bleus ; pour la Vierge de la Saletta, il est blanc avec des rubans roses. Quand on n'a pas de quoi se faire toute la robe, on porte seulement le tablier ; et quand on n'accomplit pas le vœu, il faut s'attendre à ce que de grands malheurs s'abattent sur la maison.

Et le sacré se mêle au profane. Pour avoir un mari, il faut faire une neuvaine à saint Jean, pendant neuf soirs, à minuit, sur un balcon, en dehors de la fenêtre, et prier avec une mélopée spéciale. Si on a ce courage, le neuvième soir, on voit une poutre de feu traverser le ciel, sur laquelle danse Salomé, la juive maudite : la voix qu'on entend, à ce moment, prononce le nom du mari. Saint Pascal également, est le protecteur des filles à marier et il faut lui dire pendant neuf soirs l'antienne suivante : « O bien-heureux saint Pascal — envoyez-moi un mari — beau, rouge, coloré — tout pareil à vous — ô bien-heureux saint Pascal ! » Saint Pantaléon est aussi l'ami des jeunes filles, mais d'une autre manière : il leur donne de bons numéros au *lotto*, pour qu'elles gagnent leur dot et puissent se marier. Pendant neuf soirées, il faut le prier, à minuit, dans une chambre, où on est toute seule, les fenêtres et les portes ouvertes, et après les *Ave* et les *Pater*, on ajoute cette litanie : « Saint Pantaléon — par votre chasteté — par ma virginité — donnez-moi de bons numéros — par charité. » Le neuvième soir, on entend un pas, c'est le saint qui s'approche ; des coups sont frappés légèrement, ce sont les numéros qu'il donne. La quatrième ou cinquième soirée de cet exercice étrange, les jeunes filles sont si exaltées qu'elles ont des hallucinations et tombent en convulsions. Quelques-unes m'ont affirmé avoir vu et entendu quelque chose, le neuvième soir, mais le miracle n'eut pas lieu, parce que la foi leur manqua au dernier moment.

Toutes les superstitions éparses dans le monde sont recueillies à Naples, agrandies et multipliées. Nous croyons tous à la *jettatura*. Ne parlons pas de l'huile répandue, du miroir cassé, de la cuillère posée en croix sur le couteau, du jupon mis à l'envers qui annonce un cadeau, des sous troués, des araignées, des scorpions, de la poule et tant d'autres choses. Les Napolitains croient encore aux sibylles : il y en a une qui s'appelle *Chiara Stella*, près du Corso ; il y en a une autre qui se nomme *Zià Grazia*, au Vicolo Mezzacannone — et toutes deux sont célèbres ; il y en a beaucoup d'autres, d'un degré inférieur. On leur donne cinquante centimes, deux francs, cinq francs. Les Napolitains croient aux *esprits*. L'*esprit* familier napolitain qui circule dans toutes les maisons, est le *munaciello* (le moinillon), un petit enfant qui est vêtu de blanc quand il porte bonheur, et qui a un capuchon rouge quand il porte la guigne. Beaucoup de personnes m'ont assuré l'avoir aperçu. En plein Naples, au cœur même de la ville, à la Salita di Santa-Tresa, se trouve un fort beau palais qu'on n'arrive pas à louer : il est fermé depuis vingt ans, parce qu'on le dit hanté. Le Napolitain croit aux *esprits* qui indiquent des numéros gagnants au *lotto*: il croit aussi aux *assistiti* : ces *assistiti* sont des êtres étranges, parmi lesquels il y a quelques braves gens et beaucoup d'escrocs. Ils mangent peu, boivent de l'eau, parlent par énigmes, jeûnent avant de se coucher et ont des visions que les joueurs interprètent à leur idée. Ils vivent aux crochets des joueurs, mais ne jouent jamais. Quelquefois, un joueur déçu rosse l'*assistito*, puis lui demande pardon. Les moines aussi ont des visions. Il y en avait un fameux à Marano, près de Naples : on allait le voir en pèlerinage. Un autre, très jeune et également célèbre, habitait le couvent de San-Martino. Quelquefois, les joueurs séquestrent le moine, le battent, le torturent pour le forcer à dire les numéros qui gagneront à la loterie. Un moine mourut de leurs mauvais traitements ; avant d'expirer, il prononça des numéros : ils furent joués, ils sortirent, et la moitié de Naples gagna au *lotto*, parce qu'un journal les avait rapportés.

Le peuple napolitain, surtout les femmes, croient à la sorcellerie. La *fattura* (1) trouve des apôtres fervents et les *fattucchiare* ou sorcières, abondent. Une femme veut-elle que son mari, qui s'en va au loin, lui reste

(1) Sorcellerie

fidèle ? La sorcière lui donne une corde à nœuds ; il faut la coudre dans la doublure de la jaquette du voyageur. Voulez-vous avoir l'amour d'un homme ? La *fattucchiara* brûle une boucle de vos cheveux, en fait une poudre, mêlée avec de certains ingrédients ; il faut le faire boire dans du vin au bel indifférent. Veut-on gagner un procès ? Il faut lier, moralement, la langue de l'avocat de l'adversaire : c'est-à-dire faire quinze nœuds à une petite corde et appeler le diable, ce qui est une conjuration terrible. Veut-on faire mourir un amant infidèle ? Il faut remplir une marmite d'herbes vénéneuses, les faire bouillir devant sa porte, à minuit. Veut-on faire mourir une rivale ? I faut planter dans un citron frais des épingles, de manière à former un petit dessin représentant la femme détestée, y attacher un morceau de sa robe et jeter le tout dans le puits de la maison. La *fattura* a un grand développement ; elle possède toute une littérature étrange, souvent ignoble, de conjurations, d'exorcismes et de prières ; elle a une classification différente pour les âmes timides et pour les âmes hardies ; elle est répandue dans tous les quartiers et elle est un secours pour toutes les nécessités sentimentales ou brutales, pour tous les désirs délicats ou cruels.

Et ce n'est pas tout. Exagérez au centuple tout ce que je viens de vous dire : peut-être, ne serez-vous même pas dans la vérité. Ce mélange de foi et d'erreur, de mysticisme et de sensualité, ce culte d'une forme si païenne, cette idolâtrie, vous épouvantent, n'est-ce pas ? Vous avez pitié de ces choses barbares, dignes des sauvages ? Mais, dites-moi un peu, s'est-on jamais occupé de la conscience du peuple napolitain ? Quels enseignements, quelles modèles, quels exemples a-t-on jamais donnés à ces gens si expansifs, si faciles à conquérir, si naturellement enthousiastes ? En vérité, dans la profonde misère de la vie quotidienne, ils ne trouvent d'autres réconforts que dans les illusions de leur propre imagination — et d'autre refuge que dans le Bon Dieu...

V

Ce qui les perd.

Le *Lotto* a une première forme littéraire, rudimentaire, barbare, fondée sur la tradition orale comme certaines fables et certaines légendes. Tous les Napolitains qui qui ne savent pas lire, vieillards, enfants, femmes — surtout les femmes — connaissent par cœur la *Smorfia* ou la *Clef des Songes* et en font rapidement l'application sur n'importe quel rêve ou sur n'importe quelle chose de la vie quotidienne. Avez-vous rêvé d'un mort ? Jouez le numéro 47. Mais il parlait, ce mort... alors jouez le 48. Mais il pleurait, ce mort... alors jouez le 65. Mais, il vous a fait peur... alors, jouez le 90. Un jeune homme a-t-il reçu des coups de couteau d'une femme du peuple? Le numéro 17 veut dire l'accident; le 18, le sang; le 41, le couteau; le 90, le peuple. Il faut jouer ce quaterne. Une casserole tombe par terre, un enfant a la rougeole, un cheval s'emporte, un gros rat traverse la chambre, allez vite jouer les numéros correspondants.

Tous les événements, grands ou petits, sont considérés comme une source mystérieuse de gain. Un fillette meurt-elle du typhus; aussitôt sa mère va jouer les numéros concordants et s'écrie, toute consolée :

— *M'ha fatte bbene pure murenna !* (elle m'a fait du bien, même en mourant.)

Une veuve, parlant de l'amour que lui portait son mari, mort depuis quelques années, ajoute mélancoliquement que si cet amour avait véritablement été profond, le défunt lui serait apparu en rêve et lui aurait indiqué des numéros à jouer; et c'est un ingrat, puisqu'il l'a oubliée, car il sait bien qu'elle est pauvre et a besoin d'être aidée.

Salvatore Daniele assomme une vieille femme : jouons ; et le peuple s'écrie :

— *Chella à mmorta, mo almeno ce refrescasse a nnuie, che simmo vive !* (Puisqu'elle est morte, à présent, ayons-en au moins quelque soulagement, nous qui sommes vivants !)

Salvatore Misdea, le Calabrais sanguinaire, tue un jour, dans un accès de colère, sept soldats : jouons. La loi condamne Misdea à mort : jouons. Sur les portes, dans les *bassi,* au coin des rues, les numéros sont discutés par des comités et des sous-comités, et le jeu est établi. Rien ne sort naturellement, et ce sont des lamentations sans fin.

Cette science de la *smorfia* est si profonde, si complètement passée dans les habitudes courantes du peuple, que toutes les injures ayant un numéro relatif, se disent en argot de *lotto.* Une femme donne un coup de poing à une autre et lui casse la figure ; devant le juge, elle se disculpe, en déclarant :

— *M'ha chiammate sittantotto* ! (elle m'a appelée soixante-huit !)

Or, le juge doit prendre la *smorfia* et voir à quel outrage répond ce numéro.

*
* *

La kabbale existe davantage pour les classes supérieures que pour les inférieures, mais elle y pénètre également. Certes, le peuple n'achète pas les nombreux journaux kabbalistes hebdomadaires, aux titres étranges : *le Vrai ami*, *le Trésor*, *l'Éclair*, *la Corne d'abondance*, dont l'abonnement coûte dix francs par an et qui sont faits par une rédaction inconnue; le peuple ne correspond pas non plus avec ces professeurs de mathématiques qui demeurent au vico Nocella, à San-Liborio ou au vico Zurali, et qui offrent, à la sixième page des journaux, la fortune pour dix francs; mais le peuple voit, dans cette annonce, qu'un individu « sait les numéros » — aussi, il va l'attendre dans la rue, devant la porte de sa maison, lui met dans la main une pièce de deux francs et celui-ci s'en contente : c'est une petite affaire!

L'*assistito* (1) est un chancre qui ronge les familles bourgeoises, un pâle convulsionnaire qui mange beaucoup, qui feint d'avoir ou qui a réellement des hallucinations, qui ne travaille pas, qui parle par énigmes, qui prétend se livrer à de cruelles mortifications et qui vit aux crochets de ceux qui le vénèrent. Mais, la réputation de *l'assistito* arrive jusqu'au petit peuple par l'entremise de la bonne, du domestique, de la blanchisseuse, des fournisseurs de la maison ; et l'*assistito* y étend son action mystique, fantastique, y recueille de petits gains imprévus, y fait des adeptes et finit par marcher dans la rue, toujours entouré de quatre ou cinq personnes qui, le courtisent et étudient chacune de ses paroles.

*
* *

Mais celui qui aide le peuple, celui qui est sa providence, sa foi, son inébranlable croyance, c'est le moine. *Il monaco sainu-*

(1) L'*assistito* est un homme qui se prétend « assisté » par les *esprits*.

meri (1). Voilà le dogme. S'il ne les dit pas, c'est parce que le Seigneur lui a défendu de secourir le pécheur; s'il les dit et qu'ils ne sortent pas, c'est parce que le joueur n'a pas eu confiance; s'il les dit et qu'ils gagnent, la nouvelle se répand en une minute, et le pauvre moine est affligé d'une popularité dangereuse. Il est comme l'artiste qui a fait un chef-d'œuvre. Malheur à lui, s'il n'en produit pas d'autres : il est perdu. Le moine qui a seulement fait prendre un ambe, peut avoir l'espérance de vivre tranquille ; mais s'il a indiqué un terne qui est sorti, il faut qu'il se tienne sur ses gardes. On cherchera à le séduire de toutes manières, avec des dons, avec des cadeaux d'argent, avec des offrandes, avec des messes, avec des aumônes; on lui enverra les enfants, les femmes, les aïeuls qui l'attendront dans la rue, à la porte de l'église, près du confessionnal, à l'entrée du couvent; on cherchera à connaître sa mère, son frère, sa tante ; on l'assiègera du matin au soir ; on le rouera de coups de bâton; on le séquestrera; on

(1) Le moine sait les numéros.

le torturera ; on le laissera mourir de faim, pour qu'il donne les numéros dans son agonie. Ces choses-là sont arrivées. Souvent, pour échapper au péril, un moine se fait changer de couvent par son supérieur, et quand il est disparu, le peuple raconte que la Vierge l'a emporté.

*
* *

Le *lotto* est l'épidémie qui empoisonne toutes les classes de Naples. La contagion passe du savetier qui est assis devant la porte de son échoppe, à la pauvre ouvrière qui vient faire ressemeler ses vieilles chaussures; celle-ci la communique à son amoureux, un garçon de café, qui la donne à son patron, lequel la répand parmi ses clients, et de là, elle gagne les maisons, les bureaux, les gargottes, les églises mêmes. La bonne du cinquième étage, à droite, joue, espérant ne plus être domestique ; mais les autres servantes, à tous les étages, jouent, aussi bien la femme de chambre au premier qui a quarante francs par mois, que la *vajassa* (1) du sixième, qui en gagne huit, et toutes ont la douce espérance de sortir du service; et elles se communiquent leurs numéros, les discutent sur le palier, se les disent par la fenêtre, se les télégraphient par signes. La marchande de fruits, qui trotte sans cesse sous le vent et la pluie, joue également et aussi la femme du tailleur qui coud sur la porte, la femme de l'épicier qui débite de la cannelle avariée, la blanchisseuse qui passe ses journées les doigts dans l'eau de savon, la marchande de châtaignes qui se brûle la face et les mains à la chaleur du feu, la vendeuse de noix qui a les mains toutes noircies par l'acide gallique — toutes jouent au *lotto*, fidèlement et ardemment.

Dans l'atelier étroit, où travaillent une douzaine d'ouvrières, tandis que l'enfant de la couturière dort dans son berceau et que dans un coin mijote le lard du dîner sur le fourneau, une d'entre elles donne des numéros, l'autre prétend en avoir de meilleurs

(1) Bonne à tout faire.

et la patronne déclare savoir les seuls vrais — que toutes jouent.

Les coiffeuses populaires, les *capere*, le tablier roulé autour de la taille, la chevelure en désordre, les mains grasses et humides, portent des numéros à leurs clientes, en reçoivent d'autres en échange et sont un des principaux véhicules de la terrible maladie; dans les ateliers où les ouvriers napolitains sont mal rétribués pour un travail long et pénible, le *lotto* jette ses racines profondes; dans toutes les écoles populaires, maîtresses et élèves jouent en société, réunissant les sous de leur déjeuner; dans les maisons louches où sont enfermées les malheureuses pécheresses dont Naples fourmillent, le *lotto* est une des plus grandes espérances — peut-être une espérance de rédemption.

*
* *

Mais ne croyez pas que le mal reste dans les classes populaires. Non, non, il monte dans la bourgeoisie, il pénètre dans le commerce, il arrive jusque dans l'aristocratie. Les jeunes filles à marier qui n'ont pas de dot, jouent en cachette ; tous les nombreux employés du Municipe, des banques, de l'Intendance, de l'octroi, jouent aussi ; tous les petits rentiers qui n'ont pas assez de quoi vivre et rien à faire, étudient la Kabbale, jouent désespérément et demandent toujours des avances sur leurs maigres revenus ; tous les commis de magasins, qui gagnent soixante francs par mois, connaissent les « vrais » numéros et les jouent toutes les semaines. Les magistrats font aussi de belles rentes au *lotto* ; payés misérablement, pourvus d'une nombreuse famille, ruinés par les fréquents changements de domicile, exposés à des tentations qu'ils repoussent avec une inflexibilité digne d'un meilleur sort, ils mettent tout leur espoir dans le *lotto*.

Les petits commerçants, qui se débattent continuellement au milieu des traites impayées et protestées, et qui livrent un combat quotidien à la faillite, finissent par s'accrocher à cette planche de salut, vaine et incertaine — le *lotto*. Les grands banquiers, qui vivent sur la pointe d'une aiguille, dans la terreur de leurs différences à la Bourse, cherchent aussi dans le *lotto* une lueur d'espérance.

Les dames de l'aristocratie jouent, un peu par genre, un peu pour avoir un bijou nouveau, un peu pour payer une note de couturière que le mari ignore et ne soldera jamais. Et les employés de la banque du *lotto*, quoique habitués au mal, car ils vivent dans cette atmosphère morbide et terrifiante, ces employés, ces *postieri* ne peuvent résister à la tentation et jouent aussi. C'est pourquoi, le samedi à quatre heures, ceux qui sont le plus malades, le plus gravement atteints par la contagion, ne peuvent plus attendre et ils vont au siège même du *Banco di Lotto*, dans une rue étroite, entre la via Pignatelli et la via di Santa-Chiara, pour assister au tirage des numéros.

Mais toutes les servantes, les commerçants les vendeurs, les ouvrières ou les ouvriers, les demoiselles de magasin ou les employés, ne peuvent quitter l'endroit où ils sont. Alors un gamin va au plus proche bureau de *lotto* et prend la liste des cinq numéros sortis. Les personnes franches et nettes se mettent à la porte ou à la fenêtre ; celles plus timides ou honteuses restent à l'intérieur et tendent l'oreille. L'enfant revient en courant, se plante à l'entrée de la ruelle et crie les numéros d'une voix de stentor :

— Vintiquattro !

— Sissantanove !

— Quarantanove !

— Otto !

— Sittantacinche !

Silence universel : tout le monde pâlit...

* * *

Plus le peuple napolitain a d'argent, plus il joue. Malgré sa pauvreté, il trouve toujours six sous, cinquante centimes, le samedi, pour les risquer au *lotto* ; il recourt à tous les expédients, il invente, il cherche, il finit par trouver. La plus grande misère ne consiste pas à dire qu'il n'a pas dîné, mais à dire qu'il n'a pas pu jouer :

— *Nun m'aggio potuto jucà manco un viglietto.* (Je n'ai pas pu jouer même un numéro.)

On en reste épouvanté. Entre le vendredi soir et le samedi matin, c'est tout un va-et-vient de gens qui veulent jouer et qui n'ont pas d'argent ; les ouvriers se font avancer une journée, les servantes volent horriblement sur la dépense, les mendiants sont plus nombreux dans les rues, et, dans les petits ménages, tout ce qui peut encore être vendu, se vend, tout ce qui peut encore être engagé, s'engage au Mont-de-Piété ou chez le prêteur sur gages.

Avant tout, il y a des numéros qui jouissent de la faveur populaire, des numéros qui se jouent toujours, parce que c'est une tradition, parce que c'est une obligation, parce qu'on ne peut faire autrement : il y a l'ambe célèbre, le 6 et le 24 ; le terne fameux, le 15, le 28 et le 81 ; le terne de la Vierge, le 8, le 13 et le 84. Ces ternes, heureusement pour le gouvernement, ne sortent guère que tous les vingt ans; quand, après de longues années d'attente, il y a quelques mois, l'ambe 6 et 24 est sorti, l'administration a dû payer deux millions de petits gains, de cinq ou dix francs chacun; et tout Naples s'est couverte de petites tables, ce qui veut dire que toute la population a dîné, déjeuné ou soupé avec son bénéfice, pour recommencer à jouer, la semaine suivante, avec une plus grande ardeur.

Et chaque personne a ses numéros préférés, qu'elle joue chaque semaine, depuis des années, avec une inébranlable confiance; un décrotteur en jouait un depuis trente ans, que son père lui avait laissé en héritage avec sa caisse pour cirer les chaussures; trois ou quatre ambes étaient sortis en ces trente ans, mais pas un terne.

Un portier en joua un pendant quarante-cinq ans sans jamais rien gagner; la première semaine que, par un hasard étrange, il l'oublia, le terne sortit — et le pauvre homme mourut de douleur.

Il y a toujours les numéros correspondants au grand événement de la semaine, rixe ou suicide, coups de révolver ou empoisonnement; et enfin il y a les numéros cabalistiques, et ceux arrachés à l'*assistito* ou au moine.

Ces numéros, il faut les jouer à tout prix, et ils représentent une moyenne variable de cinquante centimes à deux francs par semaine. Quand le Napolitain n'a plus que deux sous, il va les jouer au *gioco piccolo* ou *lotto* clandestin.

*
* *

Ce sont, en général, des femmes qui tiennent ce genre d'entreprise, laquelle n'est qu'une vaste escroquerie. Une de ces créatures, sale, déchirée, porte un registre, dans une grande poche, sous sa robe : le joueur ou la joueuse s'approche, dépose deux sous et dit ses numéros; en échange, on lui donne un chiffon de papier gras, sur lequel sont inscrits les chiffres au crayon et l'invariable promesse de donner un écu pour l'ambe, quarante écus pour le terne.

La femme fait son tour dans le quartier, tous la connaissent, tous savent le métier qu'elle fait, tous l'attendent. La dénoncer ? Personne ne l'oserait, c'est une bienfaitrice.

Les recettes sont nombreuses, naturellement : les pièces de deux sous finissent par former des centaines de francs ; mais les tenancières du *gioco piccolo* risquent la prison.

A la promenade, on rencontre les équipages de riches bourgeois, qui sont arrivés à cette fortune grâce au *lotto* clandestin; la police les connaît parfaitement, mais ne peut rien contre eux, car ils ont des agents qui opèrent à leur place, et eux, ils ne paraissent jamais. Le peuple a une confiance aveugle en ces tenanciers du *gioco piccolo*; mais bien souvent, dans l'après-midi du samedi, si les sommes à payer sont trop élevées, ceux-ci se hâtent de disparaître, emportant leurs registres, sans régler personne. Qu'importe !

La semaine suivante, une autre femme ou un autre agent recommencent leurs tournées et le peuple vient auprès d'eux, comme attiré par un charme invincible. Quelle joie pour celui qui joue et pour celui qui empoche l'argent de frauder le gouvernement !

De temps en temps, la police arrête quatre ou cinq de ces agents ou de ces courtières, les condamne à la prison et à de fortes amendes. Cela ne sert à rien. Une fois la peine finie et l'amende payée, ils recommencent avec plus d'ardeur. Il y en a qui ont subi cinq condamnations pour le *gioco piccolo*, qui ont pignon sur rue, qui se plaignent des persécutions du gouvernement et qui appellent leurs histoires avec la police : *una disgrazia !* (1) L'Administration a eu beau mettre le billet du *lotto* à deux sous, cela a été inutile ; la fraude a continué, plus forte et plus florissante que jamais, appuyée sur cette grande folie qui est le jeu.

*
* *

Maintenant, voici ce que la statistique

(1) Un accident.

nous apprend : le jeudi, le vendredi et le samedi (1) de chaque semaine, les vols domestiques sont plus nombreux; pendant ces trois jours, il y a davantage d'engagements au Mont-de-Piété; pendant ces trois jours, les agences privées de prêts sur gages, sont pleines de monde; pendant ces trois jours, mais surtout dans l'après-midi du samedi, les rixes sont plus fréquentes; pendant ces trois jours, pendant cette période fatale, il se passe les choses les plus vilaines, les plus laides, les plus ignobles, les plus horribles; et enfin, pendant ces trois jours, le peuple napolitain se met dans les mains de l'usure — le véritable chancre, dont il meurt...

(1) C'est le samedi, à trois heures de l'après-midi, que se fait le tirage du *lotto*, dans un endroit spécial, sous la surveillance de la police et de l'Administration.

VI

Ce qui les ruine.

Une pauvre femme qui a besoin de cinq francs pour payer son propriétaire, va les emprunter à *donna Carmela*, qui donne de l'argent *cu a credenza*. Avant d'y aller, elle hésite beaucoup, elle a peur, elle a honte, mais ne pouvant faire autrement, elle se décide. *Donna Carmela* est une femme grosse et grasse, qui exerce généralement une profession de luxe : elle raccommode des dentelles, pique ces grands couvre-pieds fourrés de coton dont on se sert dans la petite bourgeoisie ou exécute des broderies d'or sur velours — enfin une profession pour la forme, qui lui laisse de longs loisirs. Mais son véritable métier est de prêter de l'argent aux pauvres gens. *Donna Carmela* est bavarde et affectueuse pendant son premier entretien avec la pauvre femme; elle l'encourage, elle la plaint et si cela est nécessaire, elle lui confie qu'elle-même est aussi fort gênée ; puis, elle la renvoie, toute consolée, avec cinq francs dans la main, c'est-à-dire avec quatre francs cinquante. Le prêt est fait pour huit jours et l'intérêt est de deux sous par franc. On paie par avance : aussi, sur les cinq francs, la pauvre femme laisse cinquante centimes. La semaine passe, et la malheureuse n'a pas de quoi rendre les cent sous, alors, rouge de honte, elle prie *donna Carmela* de se contenter d'une autre semaine d'intérêt : *donna Carmela* ne dit rien et empoche ses dix sous. Ainsi se passent quatre, cinq, jusqu'à dix semaines, sans que la misérable créature puisse jamais réunir les cinq francs — et chaque lundi, il lui faut payer l'intérêt, qui est de dix pour cent par semaine. Mais, dès la cinquième semaine, *donna Carmela* est devenue une hyène, il faut la supplier pour l'empêcher de hurler, de faire des scènes, de casser quelque chose, car elle veut son argent, elle veut « son sang » elle a besoin de son « capital » et l'intérêt, assure-t-elle, ne lui sert à rien. Sur le seuil des portes, devant les *bassi*, à l'entrée des ateliers, chaque samedi, on entend la voix furieuse de *donna Carmela* : depuis le matin, elle est en tournée pour exiger qu'on la paie, et elle fait trembler hommes et femmes avec sa manière de parler, impérieuse et violente; à un certain endroit, on lui doit un franc, dans un autre cinq, dans un troisième dix, et on n'ose pas se rebeller devant elle car on n'a rien à lui donner et on peut toujours avoir besoin de son aide. Cette grosse femme est implacable, elle a conscience de sa puissance : si une servante ne la paie pas, elle la menace d'aller faire du scandale chez sa maîtresse; si une femme ne la paie pas, elle la menace d'aller tout raconter à son mari; si un ouvrier ne la paie pas, elle le menace d'aller trouver son patron, dont elle sait l'adresse. Elle est habile et prudente, audacieuse et mal embouchée ; elle garde toujours l'allure d'une bienfaitrice, à qui ces ingrats rongent les os et boivent le sang. Et, en effet, personne ne lui donne un coup de couteau, personne ne l'assomme, personne ne l'insulte, et ce qui est plus fort encore, personne n'a le courage de lui désavouer son prêt : l'honnêteté du peuple napolitain n'est pas capable d'escroquer une usurière. On ne lui reproche même pas ses emportements : on essaie toujours de l'apaiser.

Quand une pauvre femme napolitaine a besoin d'un tablier, d'une robe, d'un mouchoir de cou ou d'une chemise et n'a pas d'argent pour les acheter, elle se décide à se rendre chez *donna Raffaela*, qui donne la *roba cu a credenza* (1). Cette autre usurière, achète à bon marché de la toile, de la percale et des mouchoirs de coton dans des magasins en liquidation, et les revend aux pauvres gens. Chaque objet, naturellement, est vendu beaucoup au-dessus de sa valeur ; c'est donc un premier bénéfice. Puis, il faut encore payer l'intérêt de dix

(1) Qui donne la marchandise à crédit.

pour cent par semaine sur le montant de l'achat. Ces dettes, continuellement compliquées et augmentées, pèsent sur l'existence de ces malheureuses pendant des mois et des mois, si bien que, souvent, le tablier est usé, la robe est salie, les chemises sont trouées, la misérable femme en a payé trois fois la valeur, mais la dette n'a pas été amortie; *donna Raffaela* est furibonde, elle crie comme un énergumène, elle veut arracher du cou de la femme le mouchoir qu'elle lui a vendu, elle veut lui enlever le tablier qu'elle porte, et s'en va hurlant :

— *Chesta è robba mia ! T'aie arrobata ó sango mio !* (ces affaires sont à moi ! Tu m'as volé mon sang !)

Et, comme l'autre usurière, elle finit par encaisser cinq ou six fois son capital; comme l'autre, elle est nécessaire aux pauvres gens, qui ne réagissent jamais contre ses violences ; comme l'autre, elle ne risque jamais que peu d'argent à la fois, préférant faire beaucoup de petites affaires où il n'y a aucun risque à courir, que de grosses affaires qui offrent toujours du danger.

Les agences privées de prêts sur gages représentent l'usure légalement organisée ; ces agences ne sont pas des succursales du Mont-de-Piété, car celles-ci doivent se conformer aux tarifs de la grande Institution de Miséricorde ; mais ce sont des spéculations dûment autorisées et vivant avec leurs propres capitaux. Elles sont, en général, exercées par des femmes, profondément adroites dans leur ignorance et dans leur vulgarité, et qui disposent de peu d'argent. Ayant tout, dans ces agences, l'objet est horriblement déprécié, s'il n'est pas en or. On y paie un droit d'enregistrement fantastique, puis un tant pour cent pour l'inscription, puis l'intérêt d'un mois payé d'avance, et tout cela est si bien embrouillé, si bien organisé, a une apparence si parfaitement légale, que l'on paie cinq pour cent par mois d'intérêt sans avoir le droit de se plaindre. Je connais la femme d'un employé, qui fut obligée d'engager dans une de ces agences, tenue par une grosse *donna Gabriela*, son unique robe de soie — sa toilette de mariée — qui lui avait coûté deux cent cinquante francs; elle en eut trente-six francs, dont elle toucha seulement une trentaine, laissant six francs pour l'intérêt, l'inscription et le droit d'enregistrement. Pendant six mois, craignant qu'on ne vendît sa robe et n'ayant pas les trente-six francs, elle paya cinq francs à la fin de chaque mois, c'est-à-dire qu'elle remboursa l'argent prêté ; le septième mois, elle ne put pas même verser les cent sous et la robe fut vendue. Elle alla à l'agence pour toucher le surplus, car la robe était neuve et avait dû atteindre un bon prix ; mais elle vit sur un registre que l'objet avait été dégagé pour trente francs.

Puis, elle eut le plaisir de rencontrer *donna Gabriela* au théâtre, se pavanant dans la fameuse toilette de noce, couverte de bijoux retirés de l'agence. Car, beaucoup de ces prêteuses aiment à se parer des objets qu'elles ont en dépôt, et souvent la femme du peuple voit le *lacetto* d'or qu'elle a été obligée d'engager, entourer le cou de l'*impegnatrice* (1), qui porte les boucles d'oreilles

(1) Prêteuse sur gages.

d'une voisine et le manteau de velours de la dame du troisième; aussi, ce sont derrière les portes et derrière les fenêtres, quand l'*impegnatrice* passe, des soupirs étouffés, des larmes essuyées furtivement, des pâleurs subites: la prêteuse sur gages semble être une idole hindoue, à laquelle on sacrifie l'or et le sang.

Quelques *impegnatrici*, plus adroites et plus calculatrices, engagent de nouveau à la Banque les objets d'or ou de matières précieuses; elles gagnent encore dans cette petite opération, car la Banque prête honnêtement le tiers de la valeur, tandis qu'elles n'en donnent que le cinquième; ainsi elles augmentent leurs capitaux et mettent les objets en sûreté.

Mais pourquoi, me demandera-t-on, les pauvres gens ne s'adressent-ils pas directement à la Banque? Pourquoi se font-ils dépouiller par ces agences? C'est parce que dans les deux succursales de la Banque gouvernementale, les démarches demandent du temps — et beaucoup de personnes n'ont pas suffisamment de patience, ne savent comment s'y prendre, veulent en finir vite, ont un besoin pressant de cet argent et préfèrent entrer dans une des premières agences qu'elles trouvent sur leur chemin, où on les sert immédiatement, sans formalité et sans paroles inutiles. Et puis, dans ces administrations du gouvernement, il y a toujours beaucoup de monde : une personne timide y rougit de honte et préfère entrer dans la pénombre discrète des agences privées, où une grande discrétion est observée. Et puis, encore, la foule est si grande dans ces grands établissements, le vendredi et le samedi, à cause du *lotto* qui, on le sait, a lieu dans l'après-midi du samedi, que les Banques gouvernementales sont débordées et le peuple se déverse dans les agences privées.

Maintenant, calculez : chaque passage a sa *donna Carmela* ; chaque rue a sa *donna Rafaela* ; chaque carrefour a son agence autorisée et, dans certaines impasses sombres, on prête sur gages à chaque pas. Calculez, multipliez, pensez à la misère, pensez au terrible jeu du *lotto* — d'un côté, l'activité et la tromperie ; de l'autre, l'honnêteté et l'ingénuité, le besoin et la faim. Le peuple napolitain, dans les spasmes d'une souffrance infinie, se meurt lentement, rongé par un chancre effroyable : l'usure !

VII

Ce qui les entoure.

Le matin, si vous avez le sommeil léger, vous entendrez au milieu des rumeurs napolitaines, un bruit de clochettes qui résonnent en cadence, tantôt s'arrêtant, tantôt recommençant après un court intervalle ; et aussitôt les portes battent, les fenêtres s'ouvrent et se referment, des voix s'élèvent, on discute du haut d'une terrasse dans la rue. Ce sont les vaches qui font leur tournée, conduites par un gamin sale et haillonneux : les servantes achètent les deux sous de lait traditionnel, s'attardent sur le pas des portes, se disputent sur la mesure ; beaucoup d'entre elles, pour s'éviter la fatigue de monter et de descendre les escaliers, font glisser de la croisée au bout d'une corde, un petit panier, dans lequel il y a un verre vide et deux sous, et d'en haut elles protestent encore que la quantité n'est pas suffisante, que le vacher est un voleur, et elles ramènent la petite corbeille avec de grandes précautions ; puis, elles referment rageusement les fenêtres.

Les vaches s'arrêtent devant toutes les portes ; quand les bonnes dorment encore, le gamin crie très fort :

— *Acalate ó panaro* (faites descendre le panier).

Et si elles n'entendent pas, il agite furieusement la sonnaille de la bête. C'est un tableau pittoresque et matinal : ces vaches toutes couvertes de boue, ces gamins aux rudes mains noires qui salissent le verre, ces servantes dépeignées et sans corset, ces commères aux camisoles tachées de tomates.

La seconde partie du tableau est dans l'après-midi ; de quatre à six heures, s'élève un tintement aigu et frémissant : ce sont les troupeaux de chèvres qui dévalent dans les rues de la ville, menés par un chevrier avec un bâton.

Devant chaque maison, le troupeau s'arrête, se jette à terre pour se reposer, le chevrier attrape une bête, la traîne sous la porte pour la traire sous les yeux de la servante, qui est descendue ; quelquefois la maîtresse est méfiante, elle ne croit ni à l'honnêteté de la bonne ni à celle du chevrier — alors chèvre et chevrier montent jusqu'au troisième étage, et sur le palier se forme un conseil de famille, pour surveiller la traite du lait.

Le chevrier et sa chèvre redescendent au galop, donnant de la tête contre quelque malheureux qui monte et ne s'attend pas à cette rencontre : en bas, sous la porte, il y un combat entre le chevrier et ses bêtes pour les faire remuer, jusqu'à ce qu'elles prennent une course folle, surtout quand la nuit s'approche et qu'elles savent retourner sur leurs collines.

Dans toutes les villes civilisées, ces

troupeaux de bêtes utiles, mais sales et puantes, ces vaches maculées de boue, ne se voient pas dans les rues : le lait s'achète dans des boutiques propres, blanches et claires.

A Naples, non : cette coutume est trop pittoresque pour qu'on l'abolisse. Aucun Conseil municipal n'oserait le faire. La grande réforme de ces vingt-cinq dernières années, a été d'empêcher les cochons de circuler dans les rues, ce qui était permis auparavant.

*
* *

Une autre chose très pittoresque, c'est l'envahissement de la rue par les petits boutiquiers ou les marchands ambulants. La via Roma, qui est l'ancienne rue de Tolède et la plus importante de la ville, est abandonnée jusqu'à huit heures du matin aux revendeurs de fruits, d'herbes et de légumes : c'est une avalanche de figues et de fèves, de raisin et de chicorée, de tomates et de piments multicolores ; c'est un ruissellement d'eau, un éclaboussement, un arrosement continuel, un lavage ininterrompu de toutes ces ordures ; puis, après huit heures, la rue n'est plus qu'une mare d'eau sale, danslaquellenagent des écorces, des trognons de choux, des feuilles jaunies, des fruits pourris, des tomates crevées — et les efforts des balayeurs n'arrivent pas plus à nettoyer les trottoirs et la chaussée de tous ces débris, que toute l'eau de la mer n'arrivait à laver la main ensanglantée de Lady Macbeth.

Cependant, le grand marché de Monte-Oliveto est proche, mais il reste vide, avec la mélancolie des grandes constructions inutiles ; celui de San-Pasquale, à Chiaia, est fermé : le maraîcher napolitain ne veut pas y aller, il veut vendre dans la rue.

Le quartier de la Pignasecca est obstrué par une foire continuelle. Il y a bien des boutiques, mais tout se débite dans la rue ; les trottoirs disparaissent sous les étalages en plein vent et on ne les a jamais vus ; le macaroni, les herbes, les légumes, les denrées coloniales, les fruits, la charcuterie, les fromages, tout est dehors, exposé au soleil, au vent, à la pluie ; le comptoir, le banc, les balances sont dans la rue ; on y fait de la friture, car il y a un artiste célèbre en ce genre ; on y débite des melons, car il y a un vendeur célèbre par sa façon de vanter sa marchandise ; les ânes chargés de fruits vont et viennent — le baudet est le maître calme et puissant du quartier de la Pignasecca.

Le roman expérimental pourrait appliquer ici sa traditionnelle symphonie des odeurs, car elles forment vraiment un orchestre extraordinaire : l'huile chaude, le saucisson rance, le fromage en décomposition, le poivre fraîchement moulu, le vinaigre acide, la morue qui dessale; et au milieu de ce concert de senteurs étranges, résonne le *leit motiv* : l'odeur du poisson, surtout du thon, qui se débite en plein soleil, sur des plaques de marbre inclinées. Le matin, le thon vaut vingt sous et le marchand en annonce le prix avec orgueil ; mais, à mesure que l'heure avance, le prix baisse, il descend à dix-huit sous ; quand il arrive à douze sous, la note dominante de cette musique a atteint son apogée.

Du reste, tout cela est très beau — pour le peintre ou le romancier.

*
* *

Rien de plus pittoresque que le quartier Santa-Lucia, propriété exclusive de messieurs les pêcheurs et mariniers, tresseurs de filets ou vendeurs d'huîtres ; ainsi que de mesdames leurs femmes, vendeuses d'eau soufrée ou de croquets, marchandes de poulpes bouillis ou de piments frits; ainsi que de messieurs leurs fils, essaims innombrables de petits corps nus et bruns comme du bronze. Dans cette rue, au grand air, on fait tout : la lessive et la conserve de tomates, la coiffure des femmes et l'épouillement des enfants, la cuisine et l'amour, des parties de cartes et des parties de *morra*. La rue de Santa-Lucia appartient à ceux qui y sont nés. Les quatre ruelles étranglées qui montent du quai vers la colline valent les *fondaci* du quartier Mercato pour la saleté; des arcades réunissent les maisons branlantes, des cordes vont d'une fenêtre à une autre, une petite lampe brûle devant une Madone noire et éclaire seule ces sortes de passages, remplis par les immondices de tout un quartier.

Le trottoir n'existe plus du côté de la mer, les habitants s'en sont emparés et l'ont enrichi de nasses, de filets, de jarres d'eau soufrée. Pendant l'été, ils dorment sur le trottoir ou sur le parapet, et grognent contre le passant qui ose les réveiller. Personne ne se risque du côté des maisons, car là, en manière de plaisanterie, les épis de maïs et les écorces de figues volent en l'air, et les gargottes dressent leurs *távolelle* (1) jusque sur la chaussée.

Les habitants supportent que le tramway passe dans leur rue, mais ils le couvrent d'injures souvent et volontiers, car c'est une violation de leur territoire; les vendeuses d'eau soufrée ont l'air d'hommes habillés en femmes, avec leurs mules à

(1) Petites tables.

hauts talons, la jupe courte attachée sous les aisselles, les rosettes de perles soutenues par un fil noir autour des oreilles, afin que le poids n'en déchire pas le lobe ; elles sont naturellement agressives et brutales : elles vous forcent à boire de l'eau soufrée, se disputent entre elles et se volent mutuellement. Elles sont indomptables : pour arriver à les diriger, on est obligé de choisir le délégué de police parmi les habitants du quartier et il les traite comme des chiens.

Une fois, deux d'entre elles rossèrent à mort un garde municipal, qui voulait leur dresser une contravention ; mais, le lendemain elles se cotisèrent pour aider une vieille mère, dont le fils était à l'hôpital.

*
* *

Il est amusant, pour un amateur de couleur locale, de rencontrer, le soir dans la via Roma, une charrette arrangée comme une table, sur laquelle sont disposées des assiettes remplies de figues d'Inde épluchées : un homme pousse la charrette, qui est éclairée par une lampe à pétrole fumeuse, et le véhicule s'arrête de temps en temps. Il repart, laissant quelquefois derrière lui des écorces épineuses, qui font glisser les passants.

Il est amusant, pour un romancier, de flâner après minuit et de voir des hommes qui dorment sous le portique de Saint-François-de-Paule, la tête appuyée sur les bases des colonnes ; de voir des hommes et des femmes qui dorment sur les bancs des jardinets, place du Municipe ; de voir des petits garçons et des fillettes qui dorment sur les degrés des églises de Saint-Ferdinand, de Sainte-Brigitte, de la Madone-des-Grâces, — surtout cette dernière, qui a un large escalier et des balustrades profondes, au centre de la via Roma.

Il est amusant, pour un touriste curieux, d'aller voir le cloître Saint-Thomas-d'Aquin, à deux pas de la via Roma, où il n'y a plus de moines, mais qui est une petite Cour des Miracles, avec ses échoppes toutes grouillantes d'ombres, avec ses maisons grouillantes de pauvres et de malheureux.

Mais en réalité il est très, très cruel que tout ceci existe encore, que des créatures humaines le subissent et que des hommes de cœur supportent que cela soit...

VIII

Ce qui les soutient.

Quand une femme du peuple napolitaine n'a pas de fils, elle ne se tourmente pas en secret de sa stérilité; elle ne suit pas d'admirables cures pour guérir, comme une jeune épousée de l'aristocratie; elle n'élève pas un petit chien, une chatte ou un perroquet, comme une petite bourgeoise sentimentale. Un beau matin de Dimanche, elle s'achemine avec son mari, vers l'*Annunziata*, où sont hospitalisés les Enfants-Trouvés, et, au milieu des garçons et des filles sevrés ou déjà grandelets, elle choisit celui pour lequel elle éprouve le plus de sympathie; après avoir fait la déclaration d'usage au Directeur de l'établissement, elle emporte triomphalement dans ses bras la *Figlia della Madonna* (1).

Elle aime cette petite créature qui n'est pas sienne, comme si elle l'avait mise au monde ; elle souffre de la voir souffrir, que ce soit de maladie ou de misère, comme si cette enfant sortait vraiment de ses entrailles ; dans le petit monde enfantin napolitain, les plus battus sont certainement les fils légitimes, car on ne doit pas frapper une « fille de la Madone ». Une tendre pitié fait dire à la mère adoptive :

— *Puverella, non aggio core de la vattere, è figlia della Madonna !* (Pauvre petite, je n'ai pas le courage de la battre, c'est une fille de la Madone.)

Si l'orpheline croît en santé et en beauté, la mère en est glorieuse comme si c'était son œuvre propre, elle cherche à l'envoyer à l'école ou au moins chez une couturière, car certainement, par sa grâce ou sa dis-

(1) On appelle *Figlia della Madonna* — fille de la Madone — les Enfants-Trouvés.

tinction, l'enfant doit être fille d'un prince; en aucun cas, que ce soit de misère ou de maladie, la mère adoptive ne rend, comme elle a le droit de le faire, la fillette à l'*Annunziata*. Et, en revanche, celle-ci lui porte une affection profonde, réellement filiale; et, plus tard, le souvenir de l'*Annunziata* disparaît, et cette mère fictive possède réellement une fille.

*
* *

Mais, il y a plus encore: une mère a cinq enfants, le dernier tombe gravement malade; elle fait le vœu à la Madone, pour que son fils guérisse, d'adopter un Enfant-Trouvé. Le fils meurt, mais la mère, portant autour du cou le mouchoir noir, qui est son unique signe de deuil, accomplit le vœu, tout en larmes. Et, peu à peu, la créature vivante console la mère de la créature morte et il ne reste en elle qu'un souvenir très doux, tandis que fleurit dans son cœur une immense gratitude pour la *figlia della Madonna!*

Quelquefois le fils guérit : le premier jour de sortie, la mère le prend dans ses bras et le porte à l'église de l'*Annunziata* ; elle lui fait baiser le maître-autel, puis ils vont dans l'intérieur de l'établissement choisir un petit frère ou une petite sœur. Et, au milieu des cinq ou six enfants légitimes, la pauvre créature abandonnée n'est jamais intruse, elle ne craint pas d'être chassée, elle mange comme les autres, elle travaille comme les autres, les frères la surveillent pour qu'elle ne s'amourache pas de quelque débauché, elle se marie et pleure à chaudes larmes quand elle quitte la maison — elle y revient souvent, comme à un refuge et à une consolation.

∴

Voici un cas fréquent de pitié : une mère trop faible ou fatiguée par le travail, n'a pas de lait. Il se trouve toujours une amie, une voisine ou quelqu'étrangère charitable qui offre son lait ; elle allaitera deux enfants en même temps, qu'est-ce que cela fait ? Le bon

Dieu lui enverra du lait en quantité suffisante. Trois fois par jour, la mère au sein aride, porte la petite créature chez la mère heureuse et, assise mélancoliquement sur le pas de la porte, elle regarde son enfant sucer la vie. Il faut avoir vu cette scène et avoir entendu le ton doux, humble et reconnaissant avec lequel elle dit, en reprenant son fils dans ses bras :

— *O Signore t'o renne la carità che fai a sto figlio!* (Le Seigneur te rende la charité que tu fais à cet enfant !)

Et la mère nourricière finit par adorer ce second enfant, et quand on le sèvre, elle souffre de ne plus le voir ; de temps en temps, elle va le retrouver, lui porte un sou de bonbon ou une médaille de la Vierge : le petit a deux mères.

J'ai encore vu une autre chose : une pauvre femme faisait des ménages et ne pouvait garder son enfant avec elle ; elle le confiait à une autre pauvre femme qui piquait des bottines et travaillait chez elle — c'est à dire dans la rue. Celle-ci mettait les deux enfants, le sien et celui de son amie, dans le même *sportello* (1), elle attachait une ficelle au bord du berceau et l'autre extrémité à son propre pied, et tout en cousant, elle fredonnait une chanson pour endormir les deux bébés — et tout en cousant, elle faisait aller son pied en avant et en arrière pour balancer rythmiquement le berceau où reposaient les deux petites créatures.

Voici encore un autre fait : une femme qui était en service, confiait la garde de son fils à une amie ; mais celle-ci lui conduisait l'enfant pour le faire téter, et elle venait de très loin, suant, sous le soleil, portant ce lourd fardeau dans ses bras. L'entrevue avait lieu sur le palier ou dans la cuisine, et généralement le dialogue suivant avait lieu :

— *S'è stato cuieto, almeno.* (Il a été tranquille au moins.)

— *Cuieto sí, ma tene sempe fame.* (Tranquille, oui, mais il a toujours faim.)

— *Core de mamma soia !* (Petit cœur de sa maman.)

Puis, quand le nourrisson avait fini de

(1) Berceau en osier.

téter, l'amie, reprenait cet enfant qui n'était pas sien, en lui disant :

— *Iammocenne, á casa, já, core de la zia, saluta a mammà.* (Maintenant, retournons à la maison, petit cœur de sa tante, et salue ta maman !)

Et elle s'éloignait, tranquillement, sans murmurer, tandis que la mère, de la fenêtre de la cuisine, jetait un dernier regard sur son fils.

*
* *

Le peuple naturellement ne peut donner d'argent à de plus pauvres que lui, puisqu'il n'en a pas ; mais on voit et on entend des charités plus tendres, plus délicates.

Par exemple, une cuisinière était toujours de mauvaise humeur quand sa maîtresse lui commandait du bouillon ; elle n'était heureuse que lorsqu'on lui ordonnait du macaroni, des légumes, du riz, ou bien de grosses soupes, bien nourrissantes. On la soupçonna pendant longtemps d'être gourmande ou affamée, quoiqu'à son corps affaibli et fatigué, le bouillon fût plus nécessaire que le macaroni : en réalité, elle donnait son premier plat, tous les jours, aux deux enfants de la portière et préférait leur offrir une belle assiettée de soupe que trois cuillerées de bouillon : elle ne mangeait qu'un peu de viande.

Le soir, quand elles s'en vont, les servantes emportent dans un paquet des restes du dîner, si leur maîtresse a la bonté de les leur laisser ; ces restes ne sont pas pour elles, ils nourrissent un petit frère, un neveu, une vieille mère ou une pauvre femme qui n'a pas autre chose.

Aucune servante ne mange tout ce que vous lui donnez : une moitié, tout quelquefois, est destiné à une autre personne.

Et les malades dans les hôpitaux, les détenus dans leurs prisons, trouvent toujours une sœur, une tante, une marraine, une amie, une maîtresse qui se torturent toute la semaine, afin d'acheter le jeudi ou le dimanche des oranges pour calmer la soif du malade la nuit ; et qui lavent, en se cachant, la chemise du prisonnier, afin qu'il puisse la mettre le lendemain, bien blanche et bien repassée.

Il faut aller à la porte des hôpitaux, les jours de visites, voir la foule de femmes qui se tiennent là, pâles, anxieuses, haletantes. J'en ai vu une, dont le mari venait de mourir à l'hospice, aller, dans une seule journée, chez le directeur, chez tous les médecins, chez la supérieure des Sœurs, chez les Sœurs, chez les internes, chez les garçons de salle, pleurer, prier, s'arracher les cheveux, les conjurant au nom du Christ, de ne pas disséquer son mari. Elle supportait l'idée de la mort, mais l'autopsie l'exaspérait.

*
* *

Il n'y a pas de femme qui, mangeant dans la rue et voyant un enfant la regarder, ne lui donne aussitôt un petit morceau de ce qu'elle mange, même si c'est du pain sec. A peine une femme enceinte s'arrête-t-elle dans la rue, tous ceux qui mangent ou qui vendent des choses qui se mangent, sans qu'elle témoigne aucun désir, lui en offrent, l'obligent à en prendre, ne voulant pas être cause d'une envie dissimulée.

Les pauvres gens qui errent dans les rues, sont secourus par la population : celui-là donne un morceau de pain ; celui-ci, deux ou trois tomates ; cet autre, un oignon ; ce quatrième, une cuillerée d'huile ou une poignée de charbon. Ainsi, une femme du peuple, pour faire un peu de bien, laissait une mendiante venir cuire, sur son propre feu, les rares comestibles que la pauvresse avait recueillis. Puisque le feu devait s'éteindre, une fois la cuisine finie, ne valait-il pas mieux laisser en profiter une autre ?

Une femme faisait une charité plus ingénieuse encore : elle-même était fort pauvre et mangeait seulement du macaroni cuit dans de l'eau salée, assaisonné d'un peu de fromage râpé ; mais la voisine, plus pauvre encore, n'avait que des croûtons de pain rassis. Alors la moins misérable donnait à son amie, l'eau où avait cuit le macaroni, une eau blanchâtre et trouble dans laquelle l'autre faisait tremper son pain durci, et *au moins cela avait un certain goût de macaroni.*

*
* *

Une jeune ouvrière avait été soignée à l'hôpital d'une pneumonie ; puis, une fois guérie, elle en était sortie, pâle, affaiblie, épuisée. Cependant le médecin de l'hospice, pour la préserver d'une phtisie probable, lui accordait, chaque matin, quatre doigts d'huile de foie de morue qu'elle devait venir prendre. Elle arrivait à l'aube, avec son verre, jusqu'au moment où elle fut complètement rétablie : alors, on la prévint qu'on ne lui donnerait plus sa médecine. Elle se troubla, pâlit, pleura, pria la Sœur de ne pas lui retenir cette huile — enfin, on finit par découvrir qu'elle la donnait, par charité, à une pauvresse : celle-ci, dominant son dégoût naturel, s'en servait pour assaisonner son pain ou pour y faire frire un sou de piment rouge.

*
* *

Je me souviens encore d'un autre fait. Un jour, au larghetto Consiglio, une femme enceinte, fut prise des premières douleurs, s'abattit par terre et accoucha au beau milieu de la rue. Le tumulte fut grand : la malheureuse ne se plaignait pas, mais par pitié ou par émotion, les autres femmes criaient et pleuraient. En peu d'instants, de tous les *bassi*, de toutes les boutiques de tous les sous-sols, sortirent des langes pour emmaillotter le poupon et des draps pour envelopper l'accouchée. Une mère offrit le berceau de son enfant mort ; une autre baptisa le nouveau-né, en faisant le signe de la croix sur son mignon visage ; une troisième alla quêter dans les maisons avoisinantes : une quatrième, qui était servante, s'offrit d'aller faire le service de la malade à sa place ; et enfin, la femme du boulanger partagea son lit avec la malheureuse, et le mari dormit sur une table pendant dix jours, avec un sac sous la tête. Et cette misérable créature pleurait d'émotion, toutes les fois qu'elle embrassait son fils...

FIN

TABLE

Les Légendes.

La Réalité.

4-1-08. — Tours, Imp. E. Arrault et Cie.

www.ingramcontent.com/pod-product-compliance
Ingram Content Group UK Ltd.
Pitfield, Milton Keynes, MK11 3LW, UK
UKHW021057220726
13924UKWH00005B/2127